元米軍尋問官が教える

本音を語らせる技術

レナ・シスコ
LENA SISCO

熊谷小百合 訳
SAYURI KUMAGAI

HONEST ANSWERS

INTERVIEW AND NEGOTIATION SKILLS TO GET TO THE TRUTH

本書を夫に捧げます。
私にとって親友でもある夫は、いつも的確な助言を与えてくれました。
あなたの忍耐強さ、サポート、モチベーション、賢明さに感謝します。
あなたはすばらしい指導者です。

序文

「本書は、あらゆる法執行機関、刑事司法研修、人事部門が教科書とするべき一冊です」

——ジャニーン・ドライヴァー（ボディランゲージ研究所CEO、『ニューヨーク・タイムズ』紙ベストセラー著者）

２０１３年10月28日、バージニア州アレクサンドリアのホテルの肌寒い小さな一室で、７人の参加者とともに嘘の検知に関する研修にのぞんでいたときのことでした。部屋に入ってきたレナ・シスコの姿に私は目を奪われました。もしあなたがその場に居合わせていたら、同じような印象を受けたかもしれません。レナはチャーミングで、高いプロ意識を持ち、気品や落ち着きがあり、女優のジェニファー・アニストンにそっくりでした——ただし、ロードアイランド訛《なま》りを除けば、です。ボストン出身の私は、すぐにレナの訛りに気づきました。

レナにはどこか高校や大学時代の旧友を思わせるようなところがありました。まったくの初対面でしたが、ほんの数分のうちに、心の温かい、地に足の着いた、思慮深い人物だとわかりました。

あなたにも同じ経験がありませんか？

国内外の知らない街を旅しているとき、ワークショップに参加しているとき、バカンスを楽しんでいるとき、コーヒーショップで同じ種類のラテが好きな人とおしゃべりしているとき、ふとしたことで、初対面の相手とのあいだに、瞬時に心の通いあいや信頼関係（ラポール）が生まれることがあります。

理由はよくわからないけれど、知らないうちにあなたは警戒を解き、会ったばかりの人間を信頼するようになり、「この人とは友だちになれる」「彼女なら安心だ」と直感するのです。しかも、まもなくあなたは、この「新しい友人」に向かって、ふだんは隣人や同僚に（まして見ず知らずの人に）話さないようなことまで打ちあけはじめます。

なぜこんなことが起きるのでしょうか？　なぜ私はレナと瞬時に心が通じ合ったのでしょうか？

私はこのとき、レナ・シスコのプロフィールを読んだこともなく、フェイスブックやインスタグラムでもつながっていませんでした。もちろん、知りあいがレナの人柄を保証してくれたわけでもありません。それなのに、会ってからわずか数分で、この初対面の人物が「生涯の友」だと確信したのです。

そのときは気づきませんでしたが、レナは人びとの警戒心を解き、ガードを下げさせる秘訣を、すでに解明していたのでした。そして、彼女は本書でその秘訣を明かしています。

- 段階的なプロセスを踏むことで、究極の信頼関係が意のままに手に入るとしたら、どんなことが可能になるでしょうか。
- 正直に答えにくい質問をするときでも、相手に安心感を与えることができる手軽なテクニックがあったら、面接の際にどれほどの効果をもたらすでしょうか。
- 仕事や私生活の場で、気になる人を安心させ、気持ちを解きほぐし、望み通りの「本音」を引き出すことができたら、どうなるでしょうか。

本書を買うべき理由はここにあります――。この本を読めば、人びとの心をつかみ、「本音」（あるいはそれ以上のもの）を引き出せるようになる日は、そう遠くないでしょう。

では、これを書いている私は、いったい何者なのか？　レナ・シスコの人柄や専門知識に関する私の意見が、なぜ重要なのか？　そう思っている読者もいるでしょう。

私の名前はジャニーン・ドライヴァー。ＣＮＮキャスターのアンダーソン・クーパーや、ＮＢＣの情報番組『トゥデイ』からは「人間嘘発見器」というニックネームで呼ばれています。こうした評判を得た理由の一つは、私がボディランゲージ研究所（非言語行動の研究を通じて人びとのキャリアアップを支援する組織）のＣＥＯだからです。２０１３年にレナが参加したトレーナー研修――この序文の冒頭で触れた、嘘の検知に関する上級講座――のインストラクターを務めていたのが、この私でした。

17年にわたってＡＴＦ（アルコール・タバコ・火器および爆発物取締局）の捜査官を務め、銃器の密輸や爆発物の密造などの事件の捜査に携《たずさ》わってきた私は、38歳で退職し、『ニューヨーク・タイムズ』紙のベストセラーとなり、14か国語に翻訳された著書『ＦＢＩ式 人の心を操る技術』（メディアファクトリー）を上梓しました。その数年後には『ワシントン・ポスト』紙でベストセラー入りし、9か国語に翻訳された『ＦＢＩトレーナーが教える 相手の嘘を99％見抜く方法』（宝島社）を書き上げています。数十年にわたって、私はＦＢＩ、ＣＩＡ、ＡＴＦといった数々の法執行機関の特別捜査官や法律家を訓練してきました。裁判官やセラピスト、刑務所長、巡査などの指導も担当しました。私はまた、マイクロソフトやアボット・ラボラトリーズ、セールスフォース、コカ・コーラ、ロッキード・マーティン、コムキャスト、エクイティ・プライム・モーゲージ（ＥＰＭ）といった会社で、セールス、リーダーシップ、人事、コミュニケーションなどの分野のコンサルタントを務めています。

さて、自己紹介がすんだところで、２０１３年に行われたトレーナー研修の話に戻りましょう。私はレナ・シスコが何者なのか、まったく知りませんでしたし、レナという人物が、面接や事実調査、人の心を読むことに関する私の技術に飛躍をもたらし、ひいてはわが人生に飛躍をもたらすことになるとは、夢にも思っていませんでした。

研修開始から1時間ほど経ったころ、私はようやくレナが、かつてアメリカ海軍の情報部員や、海兵隊の尋問官を務めていたことを知りました。さらに、ＦＢＩやＤＩＡ（国防情報局）、ＯＮＩ（海軍情報局）、ＮＣＩＳ（海軍犯罪捜査局）といった機関で働いてきた人物だとわかったのです。

私は、軍隊とはあまり縁のない家庭で育ったため、ＮＣＩＳについて知っていることと言えば、マーク・ハーモン主演のテレビドラマ『ＮＣＩＳ ネイビー犯罪捜査班』で聞きかじった情報ぐらいでした。殺人やスパイ活動、テロなどの解明に挑む特別捜査官たちにスポットを当てた、あのドラマです。つまり私は、レナの経歴に度肝を抜かれそうになっていたのです。

この研修の目的はトレーナーの養成であり、参加者はそれぞれ、嘘の検知に関する1～2時間の実践的な模擬講座を披露することになっていました。レナはプレゼンの冒頭で1枚の写真を提示しました。それは、世界貿易センタービルに2機めの旅客機が激突する瞬間の写真でした。4秒ほどのドラマチックな沈黙の後、彼女は深く息を吸って、こう切りだしました。「ある朝、目を覚ますと、これが誰のしわざかを突きとめる仕事が待っていました。私の名前はレナ・シスコ、元国防総省の公認尋問官です。私は、アメリカ海軍のグアンタナモ収容所で、アルカイダやタリバンの構成員を尋問してきました――」

レナの発するひと言ひと言は、私たちを惹きつけて離しませんでした。本書を読み進めれば、皆さんにも同様のことが起こるはずです。すっかり心をわしづかみにされた私たちは、2時間ずっと身を乗り出して、彼女の話を聞いていました。

この模擬講座において、レナは研修で学んだ内容と、人間の行動に関するみずからの幅広い知識をうまく融合させていました（レナのこうした知識は本書の至るところに散りばめられています）。加えて、嘘を見抜き、真相を突きとめるレナ自身の技術や能力も存分に生かされていました。もしもこの日、あなたが後方の席に座っていたら、私が手書きのメモを共同インストラクターのクリス・ウルリッヒにそっと渡したことに気づいたはずです。クリスは18年以上にわたって政府高官と緊密な共同作業を続けてきた、ボディランゲージの専門家です。メモの内容はこうでした（言葉づかいの乱れはご容赦ください）。「ＯＭＧ（オーマイゴッド）！　レナは超クール《badass》な女よ！　さっそくうちの研究所の講師に招きましょう！」

　これが私とレナの、約10年の公私にわたる友情の始まりでした。それ以来、私はレナの尋問や面接の様子を生で（あるいは録画で）見つづけ、彼女が人びとの心を解きほぐし、「本音」を引き出す様子を目《ま》の当たりにしてきました。レナがグループレッスンの指導者として、（皆さんのような）普通の人びとを優れた面接官に変貌させていくところも目撃しました。彼女の講演やＴＥＤｘでのプレゼンテーションの終了時には、大勢の聴衆とともに弾かれたように立ち上がり、拍手喝采を送ったものでした。

　レナと私は、真相究明のエキスパートとして数々のテレビ番組に出演してきました。さらに、２人の「人の心を読み取る専門家」とともに、『プロファイラー・タスクフォース』という動画を配信しています。この番組では、ルース・ベイダー・ギンズバーグのような影響力を持つリーダーや、ケイシー・アンソニー、クリス・ワッツ、バリー・モーフュー、ＤＣスナイパー（ジョン・アレン・ムハンマドおよびリー・ボイド・マルボ）といった、悪名高き犯罪者たちの精密なプロファイリングを行ってきました。Ａ＆Ｅチャンネルで私たちの冠番組が実現の一歩手前まで行ったこともありました（ところが、新しくやってきたプロデューサーの意向で、計画中の番組がすべて中止になってしまいました）。

　親友かつ同僚でもあるレナ・シスコは、私のコミュニケーションスキルを大きく変えただけでなく、彼女と共同作業を行ったあらゆる人びとに強い影響を与えています。その結果、私たち全員が大きな変貌を遂げました。人びとのマインドセットを解読する方法が進化し、情報収集や交渉ごとへのアプローチも変わってきたのです。今や私たちは強い自信を持ち、メッセージはさらに明確になり、感情のコントロール法も上達しました。そして言うまでもなく、レナの一流の情報収集テクニックのおかげで、こちらから聞き出さずとも、重要な情報を入手できるようになったのです。

本書の序文を書いてほしいとレナから頼まれたときは、とても光栄に思いました。そしていったん原稿を読みはじめたら止まらなくなり、たちまち12ページに及ぶ読書メモが出来あがりました。私は、これまでに教わった方法とは違う「人間の解読法」を学びました。約10年にわたってレナの仕事を生で見てきたにもかかわらず、本書を通じて、さらに新たなツールの存在を知ったのです。

さて、いよいよあなたの出番が来ました！　読者の皆さんに心からおめでとうと言いたい気分です。なぜならこの未来のベストセラーにおいて、あなたはレナ・シスコの「真相究明講座」を最前列で受講することができるからです。本書を読めば、あなたも自動的に、われわれ「真相究明者」チームの仲間入りを果たすことになるでしょう。

この本を読めば、次のようなメリットが確実に手に入ります。

- 相手の心を正確に読み取り、それに応じて言葉づかいやアプローチを変えることで、彼らと信頼関係を築き、最終的に業績を伸ばすことができる。
- 相手が真実を語るよう導き、嘘を未然に防ぐ方法がわかる（その結果、採用ミスの89パーセント以上を防ぐことができる！）。

・誠実さや敬意、心理的安全性を尊ぶ企業文化を創ることができる。その結果、チームに安心感が芽ばえ、離職率が下がる。

レナは1ページごとに惜しみなく情報を提供しています。いつのまにかあなたは、ボディランゲージを正確に解読する方法や嘘を見抜く方法に関して、特別捜査官なみに詳しくなっているはずです！

最後に、私はここ1か月にわたって、本書で紹介されているレナのテクニックを、私の3人の息子に対して実践してみました。その結果があまりにもすばらしかったため、私はクライアント全員に電話やメールで連絡を取らずにはいられませんでした。そして彼らに対し、自社の営業チームや人事管理部、経営陣のために、発売と同時に本書を購入するように助言したのです。というのも、私はキャリアの中であらゆるトレーニングを積んできましたが、人びとの「本音」の引き出し方に関する、これだけ的確な指南書を、いまだかつて読んだことがなかったからです。

はじめに

1999年、私はアメリカ海軍の情報専門官として、海兵隊の捕虜尋問訓練所に通っていました。一連の訓練を終えたあと、国防総省の公認尋問官となりました。2003年、キューバ・グアンタナモ湾海軍基地の収容所「キャンプデルタ」に派遣された際には、こうした尋問技術を使ってアルカイダやタリバンの構成員の取調べを行っています。当時、私は人間の本質に関わる貴重な発見をしました。いかなる状況にあっても、こちらが敬意をもって接すれば、相手も敬意をもって返してくれる傾向が強いという事実です。グアンタナモ収容所での尋問において、真実を引き出すために私が取ったアプローチは、相手にとってまったく予想外のものでした。私は、彼らに敬意を払い、信頼関係を築き、希望を吹きこんだのです。相手の恐怖心につけこむのではなく、信頼を武器にするのが私のやり方でした。「信頼関係にもとづいた、相手を責めない面接メソッド」の体系化に取り組みはじめたのは、このころのことです。同メソッドでは、ありのままの情報を入手するために、さまざまな直接的・間接的テクニックが用いられています。本書では、このメソッドや各種のテクニックを、読者の皆さんに紹介していきたいと思います。

　こうしたテクニックや体系的知識をひとたびマスターすれば、面接や尋問は一種の「アート」になります。自信に満ちた優雅な物腰であらゆる会話をコントロールし、その一方で相手の信頼を勝ち取ることが可能になるのです。私は決して「人のいいなりになれ」と言っているわけではありません。あなたに必要なのは、むしろその正反対の姿勢です。にこやかに微笑《ほほえ》みながら、厳格で毅然とした態度を貫くことは決して不可能ではありません。こうした対話のコツを心得ていたおかげで、私は軍の尋問官として何度も成功を重ね、貴重な機密情報を手に入れました。人間の行動原理を熟知していた私は、みずからの言葉づかいや声の高さ、口調、姿勢、表情をほんの少し変えるだけで、尋問の対象者たちにきわめて強い影響を与えうることを知っていたのです。

グアンタナモ収容所での任務を終えたあと、私はさまざまな場面で、多種多様な人物の尋問や面接を担当してきました。そしてその過程で、人びとの信頼を勝ち取り、的確なデータを収集するための「戦略」を仕上げていったのです。私はそうした長年の試行錯誤を経て、面接や交渉で正確な情報を得るための最も効果的なコミュニケーション方法にたどり着きました。本書を読み終えるころには、あなたにも同様の知識が備わっているはずです。

本題に入る前に、少し用語について説明しておきます。最初に取り上げるのは「対象者」という言葉です。これは「ＰＯＩ＝person of interest（重要参考人、関心を寄せている人物）」のことであり、面接や尋問の対象となる、あらゆる人物のことを表しています。各章で「対象者」と呼ばれる人は、目撃者や容疑者、抑留者、情報提供者、人質かもしれませんし、職場の同僚、部下、求職者、クリニックにやってくる患者や、ビジネス上の取引先かもしれません。10代のわが子の可能性すらあります。

次に、通称「ＳＩＳＣＯメソッド」と呼ばれる面接や交渉の手法について説明したいと思います。まずは、このメソッドを簡単に定義しておきましょう。ＳＩＳＣＯは「Strategic Interviewing Skills and Competencies（戦略的な面接のスキルと技能）」の略語です。そして言うまでもなく、私のラストネームの綴りでもあります。このメソッドは、あらゆる面接において採用すべき技法を内包しています。ＳＩＳＣＯメソッドの６つの中核的な技法とは、次のようなものです。

1「相手を責めない質問テクニック（例えば『誘いだし』など）」を使って、対象者が安心して真実を打ちあけられるような雰囲気を作りだす。「無力感」ではなく「希望」を植えつけ、信頼関係を築き、信用を勝ち取り、共感的で中立的な態度を貫く。

2戦略的な思考を心がけ、単なる自白だけではなく、正確な情報や動機、意図を引き出す。

3客観性を保ち、自分の言動を常に意識し、集中力や感情抑制力、観察力を強化する。その一方で、思いこみや偏見、主観を排除する。

4誤情報効果（訳注：後から与えられた誤った情報によって記憶が変容する現象）や虚偽の自白を防ぐ。

5「言うな、聞け」の習慣を実践する。真相が明らかになる前に、対象者に対して「あなたは～をしましたね」とか「なぜ～をしたのですか」といった言葉を発してはならない。

6言語的あるいは非言語的な嘘のサインを見きわめることに全力を注ぐ。

このＳＩＳＣＯメソッドでは、まず第1に「人と人のつながり」に重点を置き、「情報の入手」は2番手になります。人間の行動について深い理解を持つ人であれば、情報はおのずと手に入るはずです。その場合、いかなる敵対者も、信頼関係を武器としたこの作戦に屈するでしょう。興奮状態にある対象者との会話は、ボクシングのスパーリングのような様相を呈することがあります。対象者から的確な情報を引き出すことができればこちらの勝ち、対象者が情報を漏らさなければ、むこうの勝ちといった具合です。私のメソッドは、このスパーリングのような敵対的姿勢を排除し、双方にとってプラスになる（少なくとも対象者にはそう見える）状況を作りだすことを目指しています。あらゆる交渉人が口を揃《そろ》えて言うのは、「交渉を成功させるためには、ウィンウィンの関係――双方の願いを同時にかなえられる状況――を念頭に置くべきだ」ということです。面接も一種の交渉です。面接官として、私たちは真実を求めています。一方、対象者は真実を差し出すことと引き換えにあるものを求めています。本書の第４章で、あなたはこの「あるもの」（個人的な動機や欲求）を見きわめる方法を学ぶことになります。

　本書のテクニックは、さまざまな状況や環境に応用できます。「新入社員を選考する」「雇用条件の問題や労災補償に関して社員と面談する」「潜在的な顧客から情報を引き出し、新たな優良顧客を獲得する」「会計監査の際に、会社の経理担当者に質問する」「売り手と交渉を行う」「犯罪に関して容疑者を尋問する」――こうした状況において、ぜひ本書をマニュアルとして使い、対話の計画やコントロールに役立ててください。これらのテクニックは、医療の現場で患者から真実を引き出し、彼らを苦しめている原因を突きとめる際にも役に立ちます。

　私は前述の「６つの中核的な技法」を面接や交渉に取り入れる過程で、実に多彩な顔を持つことになりました。「取調官」「訴訟当事者に尋問を行う鑑定人」「組織改革に関するスペシャリスト」「コーチングセッションのトレーナー」などです。最後に挙げたように、ＳＩＳＣＯメソッドを用いて面接や交渉を行ってきた経験は、コーチングをするときにも役立っています。コーチングでは、問題解決についての直接的な助言は行われません。たいていの場合、コーチはそうした助言を行うだけの専門知識を持ち合わせておらず、一連の示唆に富む質問を投げかけることによって、クライアントが現状を分析できるよう促します。その結果、クライアントは自力で最善の解決策を見つけだせるようになるのです。

　現在私が行っている面接トレーニングの大半は、警察などの法執行機関を対象としたものですが、同種のトレーニングは他の多くの分野でも成功を収めています。皆さんが活躍する世界でも、きっと成功をもたらしてくれるはずです。相手から本音を引き出すためには、本書の中で紹介されている各種のテクニックや、人間の行動に関する知識を十分に活用する必要があります。確実に言えるのは、相手にその気がなければ、正直な答えは返って来ないということです。「まったく口を割ろうとしない人物」を「みずから進んで真実を語る人物」に豹変させるテクニックを、これからお教えしましょう。

　本書を効果的なガイドブックとして使ってもらえるように、ほとんどの章の末尾にエクササイズを設け、新たなスキルやテクニックを練習できるようにしました。面接や交渉の計画・準備・練習を行うたびに、これらのエクササイズを利用しましょう。こうした課題は「対人コミュニケーションのスキル」や「ＥＱ（心の知能指数）」を高めるのに役立ちます。私たちは生きていくうえで、この２つの領域について、常に学びつづけなければなりません。その事実を素直に受け入れましょう。

　本書は、研究調査や長年の経験に裏打ちされた、わかりやすいコンセプトやプロセスを提供しています。最も注目すべきなのは、それらの知識をさまざまな分野に応用する方法を紹介しているという点です。巻末の付録Ａには11のステップから成る「面接のフロー（手順）」が記載されています。私はみずからの面接がどんな「フロー」によって構成されているか、これまで何度も聞かれてきました。こうした「フロー」は私に幾度となく成功をもたらしています。付録Ｂは面接の前に使える総合的なチェックリストになっています。また、付録Ｃにはすべてのエクササイズの解答例が載っています。

　これから紹介する面接スキルのおかげで、私は人びとへの助言や指導、トレーニング、コーチングを巧みにこなせています。さらには、企業家やビジネスウーマンとして成功し、多くのクライアントの成功も手助けできるようになりました。そこにはもちろん、犯罪者を首尾よく刑務所へ送りこみ、人びとの安全を守ることも含まれています。

　あなたは「学びの旅」をさらに突き進もうと心に決め、この本を読んでいるはずです。きっとこの先も、その有意義な旅を続けてくれることでしょう。本書を読めば、あらゆる種類の情報交換をスムーズに行うことができるようになります。「何を」「どのように」言うべきか、そして、どうすれば本音にたどり着けるのかが、明確にわかるようになるのです。

「私は、自分の置かれた状況の産物ではない。みずからの意思決定の産物である」

——スティーブン・コヴィー

目次

第1章

なぜ「いい人」が最強なのか

生まれてこの方、私はその場の主導権を握ったり、あれこれ提案したりするのに抵抗を感じたことはありませんでした。ときには親分風を吹かせたり、少々無神経な振る舞いをすることもあります。マイヤーズ・ブリッグス・タイプ指標（ＭＢＴＩ）を用いた性格診断テストによると、私はＥＮＴＪ型の性格の持ち主になります（ＥＮＴＪはExtroverted〔外向型〕、Intuitive〔直観型〕、Thinking〔思考型〕、Judging〔判断型〕を表しています）。ＭＢＴＩ診断はあてにならないと言う人は（私の同僚にも）たくさんいます。しかし、私自身はこのテストに絶大な信頼を寄せており、そのおかげで人間の行動に関する知識を大いに深めることができたと考えています。ＭＢＴＩを信じるか信じないかについては、あなたに判断をゆだねましょう。ともあれ、ＥＮＴＪ型が私の性格にずばり当てはまるのは事実です。体を動かすことや外部からの刺激を好む「外向型」（Ｅ）の気質は、他人から見た私の印象を大きく左右していると思われます。「おしゃべり」「騒がしすぎる」「押しつけがましい」「威圧的」といった感じに見えることもあるようです。「みんなの注目を浴びたがる人」「自分が主役になりたい人」という印象を受ける人もいるかもしれません。一方、情報を概念的に取り入れることを好み、理論を扱うことを苦にしない「直観型」（Ｎ）の気質のせいで、私に対して「現実を見ていない」「話がわかりにくい」というイメージをいだく人もいるでしょう。私はまた、一定の手順に従うことを強制されるとイライラしてしまいます。事実や分析結果にもとづいて判断を下すことを好み、人びとに与える影響を軽視しがちな「思考型」（Ｔ）の気質のせいで、私のことを「無神経」で「同情心に欠ける」と感じる人もいるかもしれません。さらに、チェックリストによって世界を体系化することを好む「判断型」（Ｊ）の気質のせいで、私は「融通がきかない」「おせっかい」といった印象を与える可能性があります。

　こうした私の性格特性は、他人とのコミュニケーションの取り方に影響を与えています。そして、同じことがあなたにも言えます。過去の人間関係において、自分の性格がいかにコミュニケーションをさまたげてきたか（あるいは促進してきたか）考えたことがありますか？　性格の違いは、ときとしてコミュニケーションに計り知れない悪影響を及ぼします。例えば、自分の行動が人びとにどんな影響を及ぼすかを基準に判断を下そうとする人（ＭＢＴＩ診断における「Feeler〔感情型〕」〔Ｆ〕の人）と、やり取りをする場合を考えてみましょう。もしも私が事実とデータだけにもとづいて判断を下したら、（たとえ私に悪気がなかったとしても）感情型の人物は気分を害するかもしれません。過去にこのような現象が起きたとき、まだ若く未熟だった私は、こう思ったものでした。「私は、あなたの友だちになるためにここに来たわけじゃない。的確な判断を下すために、そしてあなたの安全や成功を確保するために、ここに来ているのだ。こちらに悪気はなかったのだし、多少いやな気分になったとしても、我慢してもらわないと困る」。現在、より知識を深め、成熟した私は、当時の考え方を恥ずかしく思っています。そして次のように考えを改めています。「たとえ故意ではなくても、誰かの気分を害してしまったときは、どうすれば相手を不愉快にさせないような形で判断を下せるか、自分で考え出すべきだ」。こうした発想の転換の背景にあったのは、私のＥＱ（心の知能指数）の向上と、マインドフルネス（「今」「ここ」に集中すること）の実践でした。

　私たちにはみな（ありがたいことに！）持って生まれた性格や好みがあります。誰もが同じような個性の持ち主だったら、ひどくつまらない世の中になってしまうでしょう。とはいえ、個性がバラバラだからこそ、プロジェクト管理やチームの指導、面接の実施といった場面で、ときには衝突が起こることがあります。そのようなときでも、ＥＱの高い人びとは、他人を説得してマイナスの感情を払拭できる可能性は低いということを知っています。一方、言語的／非言語的なコミュニケーション方法（言葉づかいや声のトーン、抑揚、ボディランゲージなど）を変えることは可能です。例えば、誰かに「ちょっと話がある」といきなり声をかけられたら（まして、相手が両手を腰に当て、怒りを隠しきれない様子だったら）、彼らに好感を持つのは難しいでしょう。

「認識こそが現実だ」という言葉をご存じの方も多いでしょう。これは、相手に伝わったメッセージこそが、彼らにとっての現実だというような意味です。しかし、この言葉は間違っています。もし認識と現実がイコールならば、それは「認識」とは呼べないでしょう。認識が現実になりうるのは、その認識が誤りだと証明する情報が私たちに欠けている場合のみです。認識とは単なる信念であり、信念とは頭の中に繰り返し刻まれた思いこみに過ぎません。私はこのことを親友のアリ・デウソから教わりました（彼女はポジティブ思考トレーニングを専門とするコーチで、人びとを無気力にし、生気を奪い取るような、人生の試練を克服することを目指しています）。

あいにく、私たちはみずからの信念を大切に守り通そうとする傾向があり、それを否定されると、よくむきになって怒りだします。このとき、私たちは誰を責めようとするでしょうか。それはたいてい自分自身ではなく、異議を唱えてきた相手のほうです。私たちは、たとえ相手に悪気がなかったとしても、彼らのことを「失礼だ」「非難がましい」と言って責めます。「被害者」を演じるほうが、自分の認識に対して責任を取るよりも楽だからです。また、ときとして私たちは、自分が他人の目にどう映っているか気づかないことがあります。この現実を認めましょう。他人に与える印象を確かめるいい方法は、誰かからフィードバックをもらうことです。その際には、相手の意見を個人攻撃ととらえたり、感情的になったりしないように注意してください。

前述の通り、海兵隊の捕虜尋問訓練所を卒業してから数年後、私はキューバ・グアンタナモ湾海軍基地（GTMO）の収容所「キャンプデルタ」で抑留者の尋問を担当することになりました。私は、彼らとの信頼関係を築くためには、「大げさでウェットな愛情表現」が必要なのではないかと心配になりました。そうしたやり方は私の性に合わなかったからです。相手への共感を示すこともまた、私の得意分野ではありませんでした。しかしグアンタナモでの任務中に、私は「感じのよさ」と「ウェットな愛情表現」はイコールではないことを知りました。「親切さ」と「自信に満ちた態度」は両立するものであり、相手を責めない姿勢を貫きながら、なおかつ主導権を握ることも不可能ではありませんでした。中立的な態度を保つ一方で、「あなたのしたことは間違っていました。あなたは、そうした判断について責任を問われるべきです」と指摘するのは可能だったのです。「親切さ」とは、これから終身刑に処することになる相手にも共感を示し、彼らの人間性を尊重することを意味しています。「攻撃的《アグレッシブ》」になるのはいただけませんが、「積極的《アサーティブ》」になるのは望ましいことです。ここでの積極性とは、本能のままに行動するのではなく、何らかの生産的な行為に気持ちを振り向けようとすることを意味しています。

尋問や面接の研修を長年担当していて、あることに気づきました。「親切さ」や「敬意」を「相手のいいなりになること」と結びつけて考える人が多すぎるのです。これは間違いです。面接官は「お人よし」ではいけません。相手に敬意を払う一方で、常に主導権を握っていなければならないのです。私の夫は海兵隊の大佐ですが「僕のやさしさを弱さと取り違えないでくれ」とよく言っています。ではここで「親切さ」と「威厳」を両立させるための5つのテクニックをご紹介しましょう。

1 一歩も引かない（ただし笑顔で）

決して相手に主導権を譲りわたしてはいけません。あなたは面接官として、質問や会話、タイミングなどの状況全般をコントロールする必要があります。「笑顔」や「感じのよさ」を保ちつつ、その場のイニシアチブを握ることは十分に可能です。

2 （折を見て）同情《シンパシー》ではなく共感《エンパシー》を示す

共感《エンパシー》をいだくことで、相手との心のつながりは深くなります。一方、同情《シンパシー》を示すことは、偽善的な印象を与えかねません。殺人を犯した人間に同情するわけにはいきません。しかし、相手の立場になって考え、共感的に理解することは可能です。そうすれば、責め立てるような言動を避けることができ、中立的な姿勢を保てます。

3 信頼関係を保ちながらデリケートな話題に踏みこむことは可能

面接官として、気まずい話題を取り上げざるをえないこともあるでしょう。仕事がら私は、犯罪やその証拠、嘘や裏切りといった話題をしばしば持ちださなければなりません。しかし、むやみに相手を責め立てたりせず、中立的な態度を維持することで、信頼関係を保つことができています。私はまた、自分自身のボディランゲージや表情、物腰、言葉づかい、口調を常に意識しています。私が対象者に常々言っているのは「私はあなたを裁くためではなく、ただ情報を得るためにここにいるのだ」ということです。

4 見て見ぬふりをしない

例えば、相手が見るからに腹を立て、むきになったり、黙りこんだりしているときには、見て見ぬふりをせず、しかるべき対応を取りましょう。誰もが気づいているのに触れたがらない問題——ここでは彼らの怒り——を見過ごしてはダメです。見て見ぬふりをすれば、腹を立てた人物は「自分の勝ち」と思うかもしれません。怒りをぶつけても、おとがめなしですんだのですから。相手の怒りに対処するにあたって覚えておいてほしい黄金律があります。それは、たとえ表情やボディランゲージから感情を正確に読み取れたとしても、「あなたは今こういう気持ちでしょう」と指摘するのは禁物だということです。そんなことをすれば、彼らはむきになって容疑を否認しはじめるでしょう。自分の気持ちを勝手に推しはかられたときのことを思い出してください。私なら、もし誰かに「怒ってるでしょ」と言われたら、それまで怒っていなくても、カチンときてしまいます。

5 納得がいくまで面接を打ち切らない

時間や予算、後方支援にゆとりがある限り、面接を途中で打ち切らないようにしましょう。相手がケンカ腰になったり、退屈したり、別の場所への移動を望んだからといって、面接を中途半端に切り上げるべきではありません。欲しい情報を手に入れる前に面接を打ち切ってしまうと、相手の「勝ち」を認めたことになります。主導権を彼らに譲りわたすことになるのです。相手がある話題についてそれ以上語るのを拒んだとしても、そこで追及をストップしてはいけません。「まだまだ聞きたいことがあるんです――○○の点がどうもはっきりしなくて……」といった言葉で会話を引き延ばしましょう。相手が面接を終わらせてほしいと言ってきたときには、その理由を聞いてみてください。そうすれば彼らは口を開かざるをえなくなり、面接を長引かせることができます。場合によっては、相手の方から進んで話しつづけるように仕向けることも可能です。テレビドラマ『刑事コロンボ』で使われていた有名なテクニックを思い出してください。コロンボはひと通り聞きこみを終えたあと、去りぎわに「すみません、もう一つだけ……」と言って質問を続けます。すると、聞きこみが終わってホッとしていた相手は、ただの雑談だと思ってうっかり口を滑《すべ》らせてしまうのです。グアンタナモ米軍基地の収容所で尋問官をしていたころ、取調べを終え、看守が抑留者を迎えに来るのを待っているときに、私はこのテクニックの応用を思いつきました。「今こそ情報を引き出す絶好のチャンスだ」と考えたのです。私はメモを取ったりせず、カジュアルな雰囲気で抑留者への質問を続けました。その結果、別れぎわの数分間の会話から、核心に迫る情報をいくつも引き出すことができました。というのも、抑留者はこれらの会話を尋問ではなく、気軽な雑談ととらえていたからです。私は通訳の人びとから「コロンボ」のあだ名で呼ばれていました。

こちらが敬意をもって接すれば、相手も敬意をもって返してくれます。これは「ギブ・アンド・テイク」（ラテン語で言うところの「クイド・プロ・クオ」）の一例です。好意的で礼儀正しい態度を維持できる人は、感情のコントロールに長《た》けています。こうした人は他人の発言や状況の変化に過敏に反応したりしません。彼らは確固たる意図をもって行動し、みずからのあらゆる言動をきちんと制御できています。

ここで、感情のコントロールに役立つテクニックをいくつか紹介したいと思います。第1に、怒りや嫉妬といったマイナスの感情であれ、自分が何らかの感情をいだいたこと自体を責めるのはやめましょう。人間ですから、さまざまな感情が湧き上がってくるのは当然です。感情を完全にシャットダウンするのは無理ですが、こみ上げてきた感情への対応をコントロールすることは可能です。誰でも身に覚えのあるシチュエーションを使って説明しましょう。運転中に他の車に割りこまれたら、どんな気分になりますか。たいていの人は腹を立てるでしょう。私なら思わず悪態をついてしまいます。

私の怒りをかき立てたものはいったい何でしょうか。それは「誰かの割りこみ」ではありません。「割りこまれたことに伴う、さまざまな思考」です。割りこまれた瞬間、多くの人びとはこう思うでしょう。「よくもやりやがったな！　何様だと思ってんだ。あんたの行き先のほうが優先度が高いとでもいうのか。あやうくぶつかるところだったぞ！」。私たちの怒りを生み出しているのは、こうした思考です。それらを変えれば、感情的な反応も変わってきます。次に割りこみ運転をされたときは、いつもと違った考え方をしてみましょう。「あの人は病院に駆けつけようとして急いでいるのかな。だから僕の車が見えなかったのかもしれない」。こんなふうに考えれば、相手への共感が湧いてきて、怒りも収まるはずです。ひとたび考え方を改めれば、物事に対する反応は一変します。この現象はスティーブン・コヴィーが言うところの「パラダイムシフト」とよく似ています。旧来の物の見方（パラダイム）を変えることによって、われわれの行動は劇的に変化するのです。

私は最近、「ESPを実践して理想的な会話を生み出そう」と題されたオンラインセミナーの司会を担当しました。ESPは、ここではいわゆる超能力（テレパシーなど）のことではなく、「Embrace self-discovery（ありのままの自分を発見し、受け入れる）」「Seek Knowledge（知識を追求する）」「Practice empathy（共感を示す）」を指しています。このESPは自分自身の行動について責任を持たせるためのメンタルチェックリストであり、とりわけ感情的で対立的な会話の際に役立っています。私が感情的になったり、過敏になったりするのは、たいていこれらの要素のうちの1つが欠けているときです。激しい感情を伴う会話の際には、自分が相手にどんな印象を与えているか、できるだけ客観的に分析します。ここで自分の性格特性や他人から見た印象を知るためには、「ありのままの自分を発見し、受け入れる」ことが不可欠になります。自分の言葉づかいや口調、ボディランゲージ、コミュニケーション方法、意思決定スタイルを客観的に見きわめる必要があるのです。次に私は「知識を追求する」ことに乗り出し、既知の事実のリストと、みずからが立てた仮説のリストを別々に作成します。真相が不明な場合、人間というのは、つい話をでっちあげる傾向があります。その事実を素直に認めましょう。そして最後に、私は常に「共感を示す」ことを心がけています。

尋問や面接の際には、会話が白熱し、険悪なムードになることがあります。（意図的かどうかにかかわらず）人の神経を逆なでするようなことを言われるときもあるでしょう。しかし決して理性を失ってはなりません。それをきっかけに信頼関係が失われ、誰かの命を救う可能性のある情報を取り逃がすかもしれないからです。

長年のキャリアの中で私が学んだ最大の教訓は、次の言葉の中に集約されています――「酢よりも蜂蜜のほうが、たくさんの蜂を引き寄せられる」。この考え方は、私の面接メソッドの根幹を成しています。

「信頼は人生の接着剤だ。それは効果的なコミュニケーションにおいて、最も不可欠なものだ。信頼はすべての関係性を支える基本原理である」

——スティーブン・コヴィー

（エクササイズ）

自己認識を高め、状況認識レベルを向上させましょう。本章のエクササイズとして、次の質問に順番に答えてください。

□仕事や私生活の人間関係において、あなたは他人にどんな印象を与えていますか（言語的＝言葉づかいなどの面と、非言語的＝態度や振る舞いなどの面から考えてください）。

□あなたの性格タイプを教えてください。あなたはどんな気質の持ち主ですか。まだ性格診断を受けたことがない人は、16personalities.com（16パーソナリティ性格診断テスト。日本語版は16personalities.com/ja）などで無料診断を受けることをお勧《すす》めします。

□通常どのようにして他人と信頼関係を築いていますか。

□他人と信頼関係を築くことの第1の目的は何ですか。

□誰かに共感をいだいたり、感情移入したりしたエピソードを2つ選んで、そのときの状況を聞かせてください。どんな気持ちでしたか。

□どんなことに怒りを覚えますか。

□どうやって発想を転換し、怒りをうまく収めますか。

□ある種の人びとや状況に対して無意識に起きてしまうネガティブな感情的反応は何ですか。

□ある種の人びとや状況に対して無意識に起きてしまうポジティブな感情的反応は何ですか。

□相手から信頼に足る人物だと認めてもらうために何をしますか。

□最後に誰かと衝突したのはいつですか。そのときのことを振り返り、何が起きたのか客観的に分析してみてください。もっと違うやり方があったでしょうか。思いつくことを書き出してみましょう。こうして書き留めておけば、その内容を忘れないようになります。そして、将来的にそれらの改善点に取り組みやすくなるはずです。

□最後にパラダイムシフトを経験したのはいつですか。そのときの状況と結果を聞かせてください。それは、どう役に立ちましたか。再び同じような状況に直面したとき、それはどう役に立つでしょうか。

第2章 計画・準備・練習

「Practice makes perfect.（練習を重ねれば完璧になる／習うより慣れよ）」ということわざは、あなたも聞いたことがあるでしょう。これは本当です。面接スキルを完全に自分のものとし、みずからの面接スタイルに自信を持ち、（そして何よりも）テクニックを無意識にこなせるレベルにまで到達するには、練習を繰り返す必要があります。練習を積めば、当意即妙な対応ができるようになります。これは不可欠なスキルです。なぜなら、面接はボクシングのスパーリングのようなものだからです。練習の際には、面接中に起こりうるあらゆる事態を予測し、あらかじめ対策を練っておきましょう。そうすれば実際にそれが起きたときに、難なく対応できます（不測の事態は常に起こりうるものです）。面接を成功させるためには、準備の段階において、特定の状況に対する言語的・非言語的・感情的な反応について検討しておく必要があります。本章では、「もしも～だったら」というシナリオの練り方やその練習法を伝授し、注意力や思考スピードの向上を促していきます。これを読めば、過敏《リアクティブ》な反応を避け、先を見越した《プロアクティブ》行動を取れるようになるでしょう。

初めの一歩

現在の職業・任務・役職において、自分がどのようなタイプの面接を行うことになるか考えてみてください。「個人やグループから情報を収集する」「雇用やセキュリティ上の目的で人をふるいにかける」「特定の技能に関して個人をテストする」「プレッシャーのもとで人がどのような行動を取るかを見きわめる」といった、さまざまなケースがありえます。みずからの目的を考慮し、駆け引きを使った戦略的な面接を行うかどうか検討してください。

次に、対象者の性格タイプを考察しましょう。「控えめ」「おしゃべり」「協力的」「ケンカ腰」「うさんくさい」「お人よし」「偏見が強い」「中立的」「教養がある」「無教養」――これらのどれに当てはまるでしょうか（性格タイプやコミュニケーションスタイルについてはのちに詳述し、相手が好むコミュニケーション方法や思考様式を見きわめられるようにしたいと思います。それらを見きわめることがなぜ不可欠なのか、なぜそれによって面接テクニックが向上するのかについても説明します）。

対象者は女性でしょうか。それとも男性でしょうか。彼らがあなたに対してどのような反応を見せるか考えてみましょう。私は女性として、相手の性別にかかわらず、容易に信頼関係を築くことができています。しかしあなたが男性の場合、特定の状況では（とりわけ対象者が性的虐待や性的な暴力、人身売買の女性被害者の場合は）信頼を築くのが難しくなるかもしれません。月並みな言い方ですが、男性と女性は「違う言語」を使っています。男性は短い言葉で主張を伝えようとするため、女性から見ると、ぶっきらぼうでとげとげしく、ときには無礼な印象を与えます。

一方、女性は多弁で、男性の目には弱々しく、優柔不断で、感情に流されやすいように映ります。男性が論理や事実を重視する一方で、女性は感情や人間関係に心を注いでいます。ですから、性別に応じて話し方を変えることで、相手から見た印象はがらりと変わる可能性があるのです。私は夫に何かを言うときには、感情に訴える言葉を省き、単刀直入に切りこむようにしていますが、効果はてきめんです。なにしろ相手は海兵隊の人間ですから（もちろんこれは冗談です！）。

対象者の身体的・精神的・感情的な状態を見きわめましょう。それらすべてについて熟考し、対応策を練りましょう。私は最悪のシナリオを想定して練習するのが好きです。そうしておけば、何があっても難なく対応できます。グアンタナモ収容所で抑留者の尋問を行っていたとき、私はタリバンの構成員と、アルカイダなど外国人戦闘員のそれぞれが、特定の質問や話題に対してどのような反応を見せるかを事前に予測し、その対策を練るようにしていました。なぜなら両者は、知識や人脈、戦闘への個人的動機において、まったく背景が異なっていたからです。彼らに対して同じアプローチを取るのは、どう考えても無理でした。私は最も手ごわい抵抗を想定し、彼らにどうやって真実を語らせる（いわゆる「口を割らせる《ブレーク》」）かについて作戦を練り上げました。したがって、いざ抵抗されたときにも、どんなテクニックを使って彼らの警戒を解き、本音を引き出すべきか、すぐにわかりました。とにかく、さまざまな状況について対策を講じました。「身体的な危害を加えられそうになったら？」「相手が堅く口を閉ざし、無言で座っていたら？（よくある話です！）」「看守に虐待されていると訴えてきたら？」「『どうあがいても俺を吐かせるのは無理だ』と言われたら？」――私はできるだけ多くのシナリオを想定し、あらゆる人物像を思い描き、それらに対して万全の準備を整えました。その結果、「不意をつかれる」ということがなくなったのです。

ちなみに、相手が無言でじっと座っているときは、私もいっしょにひたすら無言を貫き、むこうがしびれをきらして話しはじめるのを待ちます。相手が先に口を開いたら、私の勝ちです！　その後、「なぜずっと無言だったのですか」といった自由回答形式（後述）の質問を投げかけ、彼らから話を引き出していきます。何としても、相手との駆け引きに負けない心構えが必要です。

周到な準備を整えるためには、あえて自分のあら探しをする必要があります。「面接官」と「対象者」の一人二役で、一種のロールプレイングを行ってみましょう。何が功を奏し、何が裏目に出るでしょうか。自分に厳しい目を向けるようにしてください。何を言うべきでしょうか。どんな行動を慎むべきでしょうか。常に、現実的な目標を設定しましょう。例えば、第1の目標は相手をリラックスさせ、自分との会話に持ちこむこと、第2の目標は彼らの信頼を勝ち取ること、第3の目標は彼らから本音を引き出すこと、といった具合です。

武道を学ぶ人びとは、これと同じような方法で練習しています。彼らは常に「もしも～だったら」という想定を行っています。「もしも顔面に一撃を食らいそうになったらどうするか？」。「どのように防御し、反撃に転じるのか？」。尋問の訓練中、私たちは最悪のシナリオを想定してトレーニングを行っていました。ロールプレイングでも、捕虜役の人はあえてこの上なく非協力的な、ケンカ腰の人物を演じていました。現実の世界では、私はこれほど困難な状況に遭遇したことはありません。だからこそ、こうした訓練は見事に功を奏しました。初めて本物の尋問を終えたあと、こう思ったのを覚えています――「訓練とまったく変わらなかったわ。むしろ、ずっと簡単だった」。このような訓練を積んで初めて、万全の準備ができたと言えるのです。

面接のロールプレイングを一人二役で行う場合は、セリフをはっきり声に出して言うようにしてください。そのほうが、よりリアルな状況を作りだせますし、いざというときに使える「あらかじめ用意された回答」の口慣らしができます。さらに、自分の口調がどう聞こえるかも確認できます。あなたの口調は「共感的」でしょうか？　それとも「攻撃的」「上から目線」「自信満々」でしょうか？　こうした練習を行えば、当意即妙な受け答えが可能になります。言うべきセリフも、その言い方も、すでにリハーサルずみだからです。私も当時、予想される抑留者の発言と、それに対する回答をあらかじめ用意していました。具体例をいくつか紹介しましょう。

- 「話したくありません」（「あなたの口を割らせることは無理でしょうし、そのつもりもありません。でも、どうしてさっさと話して独房から出たいと思わないんですか」。相手の口を開かせるためには、「誰が」「何を」「どこで」「いつ」「なぜ」「どうやって」から始まる問いかけをしてみましょう）
- 「質問に答える義理はありません」（「その通りです。ところで1つ聞きたいのですが、なぜ質問に答えたくないんですか」。こう聞けば、たいてい口を開いてくれます）
- 「独房に戻りたいです」（「今あなたを帰しても、ほかの誰かによって別の尋問に呼び戻されるだけでしょう。私なら中立的な立場であなたの言い分を聞くことができます。どうしますか？」）
- 「あなたには私を助けることはできません」（「どうしてそれがわかるのですか」「なぜそう思うのですか」「どんな助けを求めているのですか」）
- 「なぜあなたと話さなければならないのですか」（「私と話すべきではないと思う理由は何ですか」）
- 「なぜあなたを信頼しなければならないのですか」（「私を信頼すべきではないと思う理由は何ですか」あるいは「なぜなら私は、隠し立てせずに本音で話すからです。とはいえ、もしあなたが本音で話さないのなら、その限りではありません」）

警察などの法執行機関においては、次のようなケースへの対応を準備しておきましょう。

- 容疑者に「弁護士を呼んでくれ」と言われた場合
- 老練な犯罪者が懲役期間のことばかり気にして正直に話そうとしない場合
- どんな人や物事にも無関心に見える10代の若者と話さなければならない場合
- 権力者に対して恐怖心をいだいている年少者を尋問しなければならない場合
- すぐ近くに第三者がいる場所で誰かを尋問しなければならない場合

ビジネスの世界では、次のようなケースへの対応を準備しておきましょう。

- アプローチしている新規の顧客に「購入する前にもう少し考えさせてください」と言われた場合
- 既存の顧客に「競合他社のほうが条件がいいので、そちらに乗り換えることを考えています」と言われた場合
- 取引先に「最新の御社の四半期報告書を見て、御社がわれわれを長期的にフォローできるかどうか、確信が持てなくなりました」と言われた場合

そのほか、次のようなケースへの対応も準備しておきましょう。

・対面ではなく電話で面接を行う必要がある場合
・通訳など、第三者といっしょに仕事をする必要がある場合
・時間に追われている人物を面接する必要がある場合

例えばあなたがヘッドハンターだったとします。あなたは採用候補者の面接を行っています。これまで彼は、今の会社を辞めてあなたの取引先企業に移る決意を固めていると話していました。ところがこの1週間、彼は電話に出ようとせず、折り返しの電話もくれません。もしかすると、彼の決意はそこまで固くなく、途中でおじけづいたのかもしれません。あるいは今の会社から昇給を提示され、転職を思いとどまるように説得されたのかもしれません。あなたは彼にどんな言葉をかけ、真相を探りますか。

例えばあなたが不動産業者だったとします。ある住宅購入希望者が、現段階では購入を見送り、半年待ってローンの金利が下がるか確かめたいと言ってきました。あなたならどうしますか。

例えばあなたが人事部長だったとします。あなたは職場におけるハラスメントの苦情について調査しています。すると苦情を申し立てた社員から、申し立てを撤回したいと言われました。しかしこの社員は撤回の理由について教えてくれません。あなたならどうしますか。

例えば、ある新規の顧客から「貴社のサービスに興味があります」と言われたとします。ところが1週間後に連絡すると、「部長の承認が必要になりました」という返事が返ってきました。あなたならどうしますか。

こうした「もしも～だったら」というシナリオを準備しておけば、適切な言葉を、自信を持って言える

ようになります。本書のテクニックは、そうした準備を行う際の道しるべになるでしょう。

これらのシナリオを検討し、対応策を練っておけば、いざというときに動揺したり、言葉に詰まったりせず、効率的に物事を処理できるようになるはずです。とりわけ敵対的な人物を相手にする場面では、ほんの少しでも躊躇《ちゅうちょ》や不安を見せた瞬間に、相手の勝ちが決まってしまいます。

自信は人を引きつけ、不安は人を遠ざけます。この事実を忘れないでください。あなたは自信に満ちていなければなりません。その自信は、計画・準備・練習を重ねることによって生まれてきます。毎日練習を積みましょう。そうすれば、みずからが獲得した自信や能力、柔軟性に感謝する日がきっと来るでしょう。

面接の準備の目的は、「予想外の出来事」を排除することにあります。予期せぬ事態は動揺を引き起こし、面接官と対象者の双方の不安や苛立ちを高める可能性があります。予想外の出来事を排除するためには、面接の目的を理解し、成功への道筋を知らなければなりません。

つまるところ、面接を確実に成功させるためには、以下の4つのことを知る必要があります。

- 自分自身
- 自分の持っている情報
- 対象者
- 必要な情報を手に入れる方法

自分自身を知る

「信頼関係を築く」「嘘を見抜く」「商品を売る」「チームを監督する」「モラルの高い親になる」——どのような場面であれ、コミュニケーションにおいて「自己や他者に対する認識」は、きわめて重要な意味を持っています。人はみな日常生活においてコミュニケーション能力を向上させる必要があります。とはいえ、ときとして、自己や他者に対する認識の欠如が原因で、その能力が低下してしまうことがあります。私たちは気がつかないうちに、相手に「上から目線」「高圧的」「ケンカ腰」「無遠慮」といったネガティブな印象を与えているかもしれません。あるいは逆に「意気地がない」「頼りない」「自信に欠ける」と思われているかもしれません。たとえあなたに悪気がなくても、他人からの好感度が低ければ、そこにコミュニケーションの壁が生まれる可能性があります。面接官が目指すべきなのは「感じのいい人」です。この目標を達成するためには、面接相手が私たちを「人当たりがいい」「親しみやすい」と感じているか、それとも「不親切」「不愛想」と感じているか、正しく見きわめる必要があります。

自分自身を改めて見つめ直してください。どんな性格の持ち主ですか。他人にどんな（言語的／非言語的な）印象を与えているでしょうか。感情を左右する要因は何ですか。事態の変化にどう対応しますか。他人のことを知る前に、まず自分を知る必要があります。自分の思考、感情、行動、反応、意思決定、コミュニケーション、変化への対応についての認識が高まれば、他人の個性をよく見きわめられるようになりますし、彼らの気持ちも、おのずと理解できるようになります。

私たちは、人びとの個性を受け入れなければなりません（自分の個性について非難されたくないのなら、なおさらです）。周囲の人びとの多様性を認め、それらに支配されるのではなく、むしろ影響を与えられるようになりましょう。他人をありのままに受け入れられるようになれば、彼らから何かを学び、仕事とプライベートの両面で成長することができるでしょう。

自分の個性のほかに、もう一つ認識しておきたいのは、みずからのコミュニケーションスタイルの好みです。さまざまな場面で複数のコミュニケーションスタイルを使いわけている人もいるでしょう。私は自分の好きなコミュニケーションスタイルが（仕事でも私生活でも）主に「命令型」であることを自覚しています。このコミュニケーションスタイルは、いくつかのもめ事を引き起こしてきました。もちろん、例えば危機的状況のような、明らかに「命令型」のコミュニケーションスタイルがふさわしい場面もあります。しかし、家族の予定を立てるといった場面では、おあつらえ向きとは言えないでしょう。

コミュニケーションにおいて私が最優先しているのは、さっさと本題に入り、明瞭で簡潔なメッセージを素早く伝えること、そして相手から明確で詳細な情報を得ることです。事の真相を探ろうとするとき、私はときおり「尋問モード」に入ってしまい、人びとを気まずくさせることがあります。「無神経だ」「注文が多い」という印象を私にいだく人もいるようです。しかし、自分でこのことを自覚しているため、私はどのタイミングで自分のコミュニケーションスタイルを調整し、場合によっては相手の好みに合わせるべきかを見定めることができます。

言い方をほんの少し変えるだけで、あなたの信頼度は、がらりと変わる可能性があります。例えば誰かに対して「～してはいけません」と命令口調で言った場合、彼らはきっとむきになって抵抗するでしょう。一方、「～することはできます」のように「できること」に重点を置いた言い方をすれば、相手があなたに耳を傾け、賛成してくれる可能性は高くなります。この点については第3章で詳述し、「ネガティブ」な言い方を「ポジティブ」な言い方に、「問いつめるような」な言い方を「人を責めない」言い方に変える方法を紹介する予定です。自分の性格やコミュニケーションスタイルの好みを認識することで、相手との信頼関係を築き、信用を得るチャンスが広がり、ひいては対象者の心を開き、本音を引き出せる可能性がぐっと高まります。しかも歓迎すべきは、自己認識を高めるのはそれほど難しくないという点です。

自己認識は効果的なコミュニケーションにとって不可欠です（とりわけ面接の最中にはそう言えます）。私たちはみな、相手とやり取りする際に自分がどう見えているかを認識する必要があります。自分の姿勢やジェスチャー、表情、手や足の位置、全体的な振る舞いや落ち着き具合に注意を払いましょう。みずからのコミュニケーションスタイルを振り返り、「命令口調」と「なごやかな口調」のどちらを使いがちか、考えてみてください。あなたはどんな声のトーンの持ち主でしょうか。声の高さは？　話すスピードは？　さらに、自分の物の考え方に思いをはせてみてください。それらは偏見や思いこみ、個人的な好き嫌いの影響を受けているはずです。面接前には、体の清潔さや服装、全体的な外見にも気を配りましょう。なぜなら、本が表紙で判断されるのと同様に、人は見かけで判断されがちだからです。

特定の環境において自分がどんな気持ちになるか確かめることも、自分を知る作業の一つです。周囲の雑音レベルや、面接を行う場所のセッティングは、自分や対象者の行動に、無意識のうちに影響を与える可能性があります。例えば、部長のオフィスに来るように命じられたとします。その場合、あなたは居心地の悪さを感じ、会議室などの共用スペースにいるときのようなオープンな会話ができなくなるかもしれません。私がキューバ・グアンタナモ収容所で尋問官をしていたとき、抑留者たちは取調室への行き帰りのほうが、取調室にいるときよりも、ずっとリラックスしていることに気づきました。私は、通訳や２人の看守を連れて、カリブ海の熱い日差しのもとで気楽な会話を交わしながら、抑留者を独房から取調べ用のトレーラーまで送り届けたものでした。ところが、いざエアコンの効いた取調室に到着し、看守が立ち去ったとたん、抑留者は口を閉ざしてしまうのです。このことを知った私は、再び看守を呼び出しました。そして、私たちは周辺の屋外を歩きながら尋問を行ったのでした。

自分の持っている情報を知る

私は「知らないときは、まず聞いてみる」を鉄則とし、知ったかぶりは絶対にしないようにしています。はったりをきかせてしまうと、必ず誰かに見破られる危険があります。その場合、あなたは信頼を失い、結局は欲しい情報も失うことになります。尋問訓練所で、私たちは「We Know All（すべてお見通し）」というアプローチの仕方を学びました。これは「はったりのテクニック」です。何でも知っているようなふりをし、さまざまな策略を使って知識のなさをごまかそうとします。例えば、警官や取調官は「情報資料の水増しテクニック」を使うことがあります。容疑者や抑留者の情報を収めたファイルを、大量の無関係な書類や写真で水増しし、あたかも多くの情報をつかんでいるように見せるのです。容疑者は分厚い情報ファイルを見て不安になり、あきらめて何もかも白状してしまうかもしれません。とはいえ、たいていの人は、こうしたテクニックには引っかからないものです。もしはったりを見抜かれたら、あなたの負けです。私は負けるのはいやなので、知らないときはまず聞いてみます。その場合は、自分が何を知らないかを相手に悟られることになります。したがって、必要以上に手の内を見せないように注意しましょう。この「すべてお見通し」アプローチに代わる私のお気に入りのテクニックは「What do you think?（あなたはどう思う？）」アプローチです。「もし私たちが○○について知っていたとしたらどう思いますか？」「もし誰かがすでに情報を漏らしていたら？」「もしあなたが監視されていたら？」「○○という発言によって、すでに罪を認めたことになるとしたら？」「もしあなたを知る人間をここへ呼んだら？」「もしあなたの仲間が○○について知ったら？」――こうした質問を延々と続けるのです。このアプローチによって、相手の心には不安の種が植えつけられます。彼らはあなたではなく、自分自身への信頼を失いはじめます。嘘がばれるのではないかと、だんだん心配になってくるのです。

一方、さまざまな報告や証拠、調査、密告、その他の信頼できる情報源から、大量の情報を入手できた場合は、ぜひ「すべてお見通し」アプローチを使ってみてください。このテクニックを効果的に使うには、既知の情報をいつ、どのように提示するかを見きわめる必要があります。情報を簡単に差し出すのではなく、体系的に利用するようにしましょう。こうしたやり方は「戦略的証拠活用テクニック（Strategic Use of Evidence ＝ＳＵＥ）」と呼ばれています。まずは一部始終を打ちあけるチャンスを相手に与えてください。それでも彼らが抵抗したら、ゆっくりと証拠を示しはじめましょう。あなたの知るすべての情報を、少しずつ、じわじわと提示していってください。やがて、ほんのちっぽけな情報でも、それまでの証拠と相まって、重大な意味を持つように見えてくるでしょう。容疑者はすべてを見通されているような気分になり、真実を打ちあける以外に道はないと思いはじめます。さらに、物的証拠がある場合にとりわけ有効なテクニックは、「対象者に実際の証拠を触らせる」ことです。例えば、写真は対象者に手渡すのに便利な上に、目の前に置けば、いやでも視界に入ってきます。罪を犯した人びとであれば、そうした写真を絶対に見たがらないし、ましてや触りたくはないでしょう。

気をつけたいのは、証拠を重視するあまりに、取調べが始まってすぐにそれを提示した場合、尋問のプロセスではなく、証拠そのものに注意が集中しがちな点です。あなた自身も、もはや証拠しか目に入らず、対象者の発言には耳を貸さなくなっているかもしれません。証拠に重点を置くと、質問内容も偏ったものになり、客観的な態度を保てなくなる恐れがあります。対象者もまた、証拠に注目することを強《し》いられ、新たな情報の提供ではなく、もっぱら既存の証拠の確認をさせられることになります。ですから、対象者から新たな情報を引き出すためには、単に証拠の確認をするだけでなく、その証拠についてできるだけ話を引っ張りましょう。そうすれば、対象者の不安感は高まります。どんな情報をつかまれているのだろうと、やきもきするからです。その結果、彼らの認知的負荷は増え、嘘をつき通すのが難しくなります。

この「戦略的証拠活用テクニック（ＳＵＥ）」はまた、対象者の「記憶の汚染」を防ぐのにも役立ちます。この現象は「誤情報効果」として知られています。誤情報効果とは、後から提示された情報が記憶痕跡に影響を与える現象のことをいいます。認知心理学者のエリザベス・ロフタスは、誤情報効果や目撃者の記憶についての第一人者です。ロフタスらが共同で執筆した白書『Creating New Memories That Are Quickly Accessed and Confidently Held（即座にアクセスされ確信を持って保持される新たな記憶の形成）』によれば、「ある出来事のあとに提示された情報によって、その出来事についての人びとの説明は変化しうる。新たな情報が誤解を招くようなものであった場合、その説明には誤りが生じる可能性がある」といいます。容疑者や目撃者に意図的に誤情報を与えて彼らを欺《あざむ》くことはありえないかもしれませんが、うっかり彼らに間違った情報を与え、新たな「偽りの記憶」を作りだしてしまう可能性はあります。なぜそんなことが起こりうるのかと、けげんに思う人もいるでしょう。実は脳内の記憶装置は、情報を保存したり、暗号化されたメッセージを再構築したりすることに関して、限られた能力しか持っていません。私たちは「スキーマ」という形で情報を暗号化しています。スキーマとは「記憶の設計図」を言い換えたものです。思いこみや先入観、期待、非注意性の盲点（注意が向けられていないために見逃してしまうこと）、客観性に欠けた尋問などは、相手の「記憶の設計図」を書き換え、物事のとらえ方に影響を及ぼし、出来事についての記憶を改ざんしてしまいます。一方、「記憶の干渉」とは、ある記憶が別の記憶の呼び出しをさまたげる現象のことをいいます。似たような記憶を持っている場合、「記憶の干渉」によって、両者の区別が難しくなることがあるのです。

面接官としての私たちの目標は、できるだけ多くの正確な情報を集めることにあります。それは、面倒な仕事になることが多いもの。そのうえでスキーマや先入観、長期記憶や短期記憶に対処しなければならないのであれば、なおさらです。

このように、誤情報効果は危険をはらんでいます。それは「偽りの自白」をもたらし、無実の人を刑務所送りにする恐れがあるからです。その一方で、罪を犯した人が野放しになるかもしれません。情報の提示の仕方には万全の注意を払い、先入観にとらわれた発言や仮説のシナリオは避けましょう。つまり、あなたが客観的であればあるほど、誤情報効果が起こる可能性は低くなるのです。

対象者を知る

「対象者を知る」のは当たり前のことのように思われますが、この点をさらに掘り下げる必要があります。自分を相手の立場に置き、彼らのつもりになって考えましょう（相手の原動力、モチベーション、欲求については第4章で取り上げる予定です）。これまで対象者を観察し、逮捕し、対処し、ともに生き、語りあってきた人びとからの報告を調査・分析してみましたか？　新規雇用者を面接する際に、前の会社や同僚から話を聞き、履歴書に載っていない情報を見つけだそうとしましたか？　いじめに関する面接を行う際に、他の生徒や教師から話を聞き、客観的なデータを集めましたか？　対象者について知れば知るほど、信頼関係を築き、彼らの信用を獲得し、事前策を講じ、実用的な質問を考え出し、効果的な質問テクニックを使い、面接を成功へ導く可能性が高まります。こうした万全の準備は、時間を最大限に活用することにもつながります。

　面接の前には、対象者の略歴や、面接の状況・目的を確認するだけでなく、以下のような問いを立て、対象者への理解を深めましょう。

- 彼らは、面接されることについてどう思っているか？
- 面接中や面接の前後にどんな感情をいだいているか？
- どんな情報を知っているか？
- どんな話題に対して安心感／不快感を覚えるか？
- あなたに対してどんな印象をいだいているか？　面接や現在の状況をどのようにとらえているか？
- どうやってあなたを好きになってもらうか？　どんなやり方で興味を持ってもらうか？　どのようにして彼らの心を開き、本音を引き出すか？
- どうやって彼らの信頼を獲得するか？
- 彼らのまわりでどう振る舞うか？　どんな性格タイプや態度でのぞむべきか？
- 彼らの性格タイプは何か？
- どんなコミュニケーションスタイルを用いるつもりか？
- 彼ら自身はどんなコミュニケーションスタイルの持ち主か？

- 彼らはどんな話題に動揺するか?
- 触れてはいけないデリケートなテーマは何か?
- 教育レベル/人生経験はどの程度か?
- どんな好みや関心を持っているか?
- どんな言語を話すか?
- どんな家族/友人を持っているか? 彼らは対象者について何と言っているか?

こうして対象者についての理解を深めれば、より親密な関係を築き、信頼を勝ち取り、本音を引き出すことができます。また、どのような質問をしたらよいか、どんな話題を切りだすべきかも、わかるようになります。言うべきことと言うべきでないことの区別を知り、相手の嘘にすぐに気づくことができるようになるのです。

必要な情報を手に入れる方法を知る

対象者を面接する前に知っておくべき最後のポイントは、必要な情報の入手方法です。持ち時間を考慮した上で、面接の戦略を立て、達成すべき目標を設定してください。その中に、取り上げたい話題や、聞いておきたい質問、利用したい質問テクニックを盛りこみましょう。対象者が緊張していたり、口が重かったりする場合は、ストレートに質問するのを避けて、「誘いだし」のテクニックを使ってもいいでしょう。自分の振る舞いについても計画を練っておく必要があります。どんな物腰やキャラ、声のトーンで面接にのぞむべきでしょうか。こうしたことも、対象者の人となりを知っていれば、どう振る舞うべきか見当がつくでしょう。例えば、私はよくユーモアを利用して信頼関係を築いています。それは私の個性と相まって、非常に有効なツールの一つになっています。

しかし、対象者の性格やその場の状況によっては、ユーモアを使って心を通わせることができないときもあります。その場合は、別のアプローチを使って対象者に安心感を与える必要が出てきます。私は面接を開始するにあたって、自信と威厳に満ちた雰囲気でのぞむこともあれば、穏やかで共感的な姿勢でのぞむこともあります。ときには明るく天真らんまんな調子で話を切りだすこともあります。対象者を心地よくさせることを重視する場合もあれば、嘘は全部お見通しだと悟らせることに集中する場合もあります。どうすれば対象者と心を通わせ、全幅の信頼を獲得できるか、事前に対策を練りましょう。こういったことを成りゆき任せにしてはいけません。心の準備ができていなければ、相手に不安を悟られ、やがては信頼を失うことになります。

さらに、面接の素案を作成するときは、柔軟性があるかどうか、すなわち、作戦を切り替える余地があるかどうかを確認してください。当初の計画が功を奏さず、代替案も用意していなかった場合、その場で新たな方針を打ち出すのは簡単ではありません。面接の戦略を練る際には、さまざまな状況や目標、個性に適した複数の案を用意しましょう。そうすれば自信や信頼を失わずにすみます。

また、質問リストを機械的に読み上げるのは避けましょう。無神経で思いやりのない、ロボットのような印象を与えかねません。質問ばかりに目が行って、対象者の発言が心に届かなくなる可能性もあります。面接中に、それまで知らなかった重要トピックや関連情報が明らかになったときは、それを手がかりにして新たな情報を引き出していきます。面接の下準備として、私は通常5項目ほどの主要トピックをリストアップし、各トピックについて、いくつかの質問を用意しておきます。しかし実際の面接中には10項目のトピックを追究することになるかもしれません。なぜなら、途中で新たな手がかりが浮上するからです。それでも、あらかじめ用意しておいた質問のおかげで、会話の中に登場する新しい手がかりや、新たなトピックへの「入口」に目を配りつつ、面接を正しい方向に保つことが可能になります。これらの「入口」は「会話のゲート」として知られています。「会話のゲート」をくぐりやすくなるのは、対象者が無意識のうちにそれを提示した場合です。なぜなら、面接官が唐突に新たなトピックを切りだした場合、対象者は逆に警戒感を強め、不安を覚えるからです。対象者はこう思うかもしれません。「なぜ面接官はXについて質問するのをやめて、急にYについて聞きはじめたのだろう？」。しかし、もし対象者自身がYに関連するトピックを持ちだしたのであれば、さりげなく「会話のゲート」をくぐり、Yについて話しはじめることが可能になります。

　情報をうまく「誘いだす」ためには、次に述べる「砂時計型の会話術」を使って相手の不安をやわらげ、協力を促すといいでしょう。まずは「マクロレベル」の会話から面接をスタートします。これは相手と心を通わせ、信頼を獲得するためのステップです。面接とは無関係な世間話をすることで対象者の気持ちを解きほぐし、率直で積極的な姿勢を引き出します。ここではまだ、突っこんだ話をしたり、デリケートな問題を持ちだしたりするのは避けましょう。ポイントは彼らの心をつかむことにあります。この「マクロレベル」の段階は、「誘いだし」のテクニックを使うのに、もってこいのときでもあります。その後、あなたはそっと「ミクロレベル」へと進みます。具体的な話に踏みこみ、デリケートなトピックに関する、核心を突いた問いを投げかけるのです。そして効果的な質問テクニックを駆使して嘘を見破っていきます。必要な情報をすべて引き出したあと、あなたは再び「マクロレベル」に戻り、面接を締めくくります。そのあいだ、対象者は終始リラックスした様子のままです。こうして面接をひと通り終えたあと、あなたは最初に築いた信頼関係をさらに強化し、何か自分にできることはないかと聞き、会話の主導権を彼らに譲ります。対象者にあなたへの質問を尋ねさせ、彼らが将来、あなたや他の誰かから再び面接を受けるときのための準備をさせましょう。

　この「砂時計型の会話術」が有効なのは、人は通常、会話の「最初の数分間」と「最後の数分間」しか覚えていないからです。その合間に話した内容は、なかなか思い出せなかったり、忘れてしまうのが常なのです。面接の終了時に、対象者の心に不安や疑念、罪の意識などのネガティブな感情が残ってしまうのは望ましくありません。必ず、なごやかな雰囲気で面接を締めくくるようにしましょう。

　今やあなたは、自信を持って面接の準備を万端に整えることができるはずです。ここまでのあらゆる留意事項を踏まえた上で、あなたは自己分析を行い、対象者を見定め、対象者に関する必要な情報をすべて収集し、その情報の利用法を戦略的視点から見きわめ、情報の引き出し方について計画を練り上げました。次にやるべきことは、面接の最初の数分間を完璧に演出し、信頼関係を築き、成功への舞台を整えることです。

　巻末の付録Bには、各章の内容を実践するための総合チェックリストが記載されていますので、そちらも参考にしてください。

「準備に失敗することは、失敗の準備をすることである」

——ベンジャミン・フランクリン

第3章

5分以内に信頼関係《ラポール》を築く方法

面接や交渉の場で目標を達成し、必要な情報を手に入れる上で、信頼関係《ラポール》は重要かつ不可欠です。信頼関係とは、単に相手から好感を持たれることではありません。信頼関係を築くためには、相手に完全に感情移入し、鏡映しのように彼らの行動を映し出す能力が必要になります。そうすれば、彼らはあなたに興味をいだき、関係を続けたいと願うようになります。やがてあなたと深い絆で結ばれた彼らは、隠しごとをするよりも、あなたに秘密を打ちあけたほうが気が楽だと思うようになるのです。

このようにして対象者と深い心のつながりを築くことができたとき、彼らは懲役刑に処されるのを覚悟で真実を打ちあけてくれることを、私は知っています。本章では、対象者と深い絆を結ぶために私が利用している、頼れるメソッドを伝授したいと思います。ではまず、他人と心を通わせるための、5つの最も効果的な手段を紹介していきましょう。

1　共通点を見いだす
2　相手の行動を鏡のように映し出す
3　言葉づかいを変える
4　対象者にポジティブな属性を付与する
5　協力を求める

これら5つの手段について考察する前に、まずは「共感」というテーマに触れたいと思います。なぜなら、共感を持つことができれば、信頼関係構築の達人になれるからです。共感とは、他人の視点から物事を眺めることです。彼らが何を感じ、どんな体験を味わい、さまざまな状況や判断によってどのような影響を受けているのか想像してみましょう。そして、相手がどんな物の見方をするのかを見きわめてください。そうすれば、しだいに彼らの気分や感情を容認できるようになります。常に、彼らの目を通して世界を眺めることを心がけましょう。こんにちのスピード社会では、こうした共感を発揮するための時間の余裕がなくなっています。しかし、共感に欠けた人は、他人との絆を結ぼうとするときに、偽善的で不誠実な印象を与えてしまいます。

スティーブン・コヴィーは「まず相手を理解するように努め、そのあとで自分を理解してもらうようにしなさい」と助言しています。あなたは他人の言葉に耳を傾けるだけでいいのです。偏見や批判、憶測、勝手な予想を抑えこみましょう。特に、すべての事実が明らかになっていないのに話をでっちあげることは慎んでください。知らない情報については、まず相手に聞くようにしましょう。そして、彼らと互恵的な関係を築いてください。あなたが対象者を大切に扱うつもりだということが伝われば、相手もあなたを大切に扱ってくれます。あなたが正直で誠実な姿勢を示せば、相手も同じような姿勢でのぞんでくれます。私はこれを「ギブ・アンド・テイク」のテクニックと呼んでいます。しかしこのテクニックは、万人に応用できるわけではありません。人によっては互恵性と両立しがたい動機や、パーソナリティ障害を抱えている場合もあるからです。とはいえ、「ギブ・アンド・テイク」テクニックは、たいていの人に効果を発揮します。親切にしてくれた人には、親切にしたくなるのが人情です。誰かに対して親切にすれば、相手もまた親切で返さずにはいられなくなるのです。笑顔についても同じことが言えます。あなたが微笑めば、相手も微笑み返したくなるはずです。

　もちろん、あなたを嫌っている人や、失礼な態度を取ってくる人、協力的でない人に対して「いい人」でいるのは簡単ではないでしょう。しかし、これは避けては通れない道です。私はいつも訓練生に対して、「いい人」でいることの元手はゼロですが、その報酬は無限大だと教えています。常に親切な態度を心がけましょう。しかし、「人のいいなり」になるのは禁物です。両者には大きな違いがあります。相手に敬意を払うことと、相手から軽く見られることは別物です。弱みを見せたり、間違いを犯したり、過去の失敗を認めたりするのはかまいません。しかし、自信と威厳だけは失わないでください。

　本物の自信を持った人は素直に間違いを認めますが、不安を抱えた人にはそれができません。不安を抱えた人は、自信ではなく、尊大さを漂わせるようになります。彼らはそれを、自信に満ちた態度だと誤解しているのです。他人に対して深い共感の念をいだくようになった人びとは、以下の「信頼関係構築テクニック」を容易に使いこなすことができます。そのうち、相手と心を通じ合わせるための最初の（そして最もわかりやすい）テクニックは、共通点を見いだすことです。

共通点を見いだす

面接がスタートするやいなや、私は真っ先に自分と対象者の共通点を探そうとします。相手の関心を引き、関係を築きたいと思わせる最も効果的な方法は、共通点を見いだし、「類似性バイアス」（訳注：自分と似た人を好意的に評価する傾向）を利用することです。私の業界では、テロリストや連続殺人犯、麻薬の売人、詐欺師といった面々を尋問することもあります。私は彼らとは似ても似つかない人間です。しかし、次の犯罪がどこで起きるのか、次の犠牲者が誰なのかを知るためには、彼らのように考え、彼らのように振る舞わなければなりません。そうすれば彼らは、私に何らかのつながりを感じるようになります。もちろん、殺人者のふりをするわけではありませんん（そんなのは馬鹿げています）。しかし、社会から不当に扱われたと感じ、現在の境遇に怒りをいだいている容疑者を相手にするときには、私自身が世間から冷遇されたときに味わった、似たような体験について打ちあけるようにしています。ときには話に尾ひれを付けることもあります。「真心のこもった」嘘をつくことさえあります。とはいえ、原則としては、なるべく自分の体験を脚色することは避けてください。結果として「不誠実」「いんちき」「嘘つき」という印象を与えてしまった場合、信頼関係を築いたり、情報を引き出したりするチャンスが、すべて台無しになるからです。

相手との共通点を見つける最も簡単な方法は、自分自身についての打ちあけ話をすることです。類似性バイアスを利用して共通点を突きとめ、似たような体験談を分かちあいましょう。ここでも「誘いだし」のテクニックである「ギブ・アンド・テイク」を思い出してください（このテクニックについては第7章で詳しく取り上げる予定です）。「誘いだし」は、さりげなく答えを引き出したいときに、質問の代わりに使われます。「誘いだし」を使えば、会話の自然な流れが促され、緊張やストレスがやわらぎ、心のつながりが生まれやすくなります。「誘いだし」のことを「間接的な質問テクニック」と呼ぶ人もいます。なぜなら、質問ではなく、自然な会話を通じて情報を引き出しているからです。私の見るところ、「誘いだし」は、相手から聞き出しにくいデリケートな情報を得るのに、うってつけの方法に思えます。

「ギブ・アンド・テイク」テクニックを使えば、共通の基盤が見つかり、類似性バイアスを生かすことができます。共通点を突きとめるには、まず一般的なテーマから話を始めて、それから特定の話題へと進みましょう。例えば、2人ともスポーツが好きで、実は同じチームが好きだったと判明するかもしれません。新しい友だちができたときのことを考えてください。たいていは何らかの共通点がきっかけになっているはずです。時間や手間を惜しまずに、対象者と心を通わせる方法を見つけだしましょう。

数年前、スイスに拠点を置く民間警備会社から依頼を受け、私はあるマネーロンダリング事件の調査に協力することになりました（以下の登場人物はすべて仮名です）。調査を担当するのは、私（アメリカ人）、女性調査員のアニカ（ロシア人）、そして警備会社の社長であるアラン（イギリス人）の3人でした。私たちはドバイで顔を合わせ、アシムという中東の男を尋問し、この事件における彼の役割を探る予定でした。ドバイの高級ホテルにある超モダンなロビーで初めてアシムと会ったとき、彼は私の目を見ようともしませんでした。彼は私とは初対面でしたが、アニカやアランとは面識があり、もっぱらそちらのほうに意識を向けていました。アシムは大柄な男で、グレーのシャツと黒いスーツを身に着け、豊かな黒髪をオールバックにしていました。私たちはみな、床から天井まである大窓に面したビロードのソファに腰を下ろしました。

私たち4人の会話は25分ほど続きました。そのあいだに飲んだのは、ボトル入りのミネラルウォーターだけでした。アシムにコーヒーとカナッペを勧めてみましたが、手をつけませんでした。彼はこの場所にいるのがいやだったのです。彼はアランとは冗談を交わしていましたが、アニカや私にはほとんど関心を示しませんでした。私はこの男と何の心のつながりも持てないまま、その日の顔合わせを終えました。私たちは翌日の午後に再びアシムに会うことになっていました。今度こそ彼の注意を引き、心を通じ合わせよう――そう固く決心したことを覚えています。次の日、ライトグレーのスーツを着た2人の男とともに、アシムは時間通りに同じロビーに姿を現しました。彼はロビーの反対側にいる私たちに気づき、同時に側近たちは彼のそばを離れました。私たちは彼にこちらに来るよう手招きしました。テーブルやソファを囲んで立っていた私たちは、まずアシムに最初に座ってもらいました。これはあらかじめ計画されていたことでした。こうすれば、彼がどこに座っても、私はその隣に腰をおろすことができ、同僚たちはその向かいに座れるからです。アシムが最初に口にしたのは、翌日に長時間のフライトが控えているため、時間の余裕があまりないということでした。その言葉に共通点の糸口を見つけた私は、すかさず会話に割って入り、前日に味わったアメリカからドバイへの長時間フライトの体験談を語りはじめたのです。彼は私の目を見ながらじっと耳を傾け、「ああ、じゃあフライトがどんな感じなのか、わかってるんですね」と言いました。そこで私は作戦を続けることにしました。「だけど、機内で見た映画がすごく面白くて……」私がその映画の設定について説明しはじめると、彼は目を輝かせ、私のほうへ向き直りました。今や私たち2人の「おへそ」は向かいあっていました。彼は私の話に釘づけでした。なんと幸運にも、彼はその映画を見たことがあり、とても気に入っていたのです。それから5分ものあいだ、アシムと私はその映画をめぐって笑いあっていました。その後、彼はみんなでコーヒーを飲まないかと言い出しました。ほんの少しの運と、決断力と、粘り強さのおかげで、私は最終的に、望み通りの「心のつながり」を手に入れたのです。私たちはみんなで座ってコーヒーを飲みました。そしてアシムは、ポリグラフ（いわゆる嘘発見器）の検査を受けることに同意したのです。信頼関係の威力を決して見くびってはなりません。そして、相手と心のつながりを築くことを決してあきらめないでください。たとえどんな人であっても、必ず何らかの共通点は見つかるはずです。

他人との類似性は、単に同じ好みを共有していることだけにはとどまりません。性格や外見、しゃべり方が似ているというケースもあります。相手の姿勢やジェスチャー、表情、声のトーンや高さ、言葉や言い回し、呼吸やまばたきの回数を鏡映しのようにまねるだけでも、彼らとの信頼関係を築くことができます。ここで思い出されるのが、２つめの信頼関係構築テクニックです。

相手の行動を鏡のように映し出す

「ミラーリング」とは、話している相手の振る舞いを鏡のようにまねることです。例えば、相手が左脚を上にして脚を組んでいるときは、右脚を上にして脚を組むことになります（つまり、相手とは左右対称の関係になります）。一方、「マッチング」とは、鏡合わせにならない形で動作をまねることを意味しています。したがって、相手が右手で頬杖をついていれば、あなたも右手で頬杖をつくことになります。ミラーリングやマッチングを取り入れたいけれど、相手とまったく同じボディランゲージを発したくない場合は、ちょっとしたバリエーションを取り入れましょう。例えば、相手が「手のひら」で頬杖をついているときは、「手の甲」もしくは「人差し指と親指」で頬杖をついてみるといいでしょう。さまざまなバリエーションを取り入れるのはいいことです。そうすれば、ふざけて相手のものまねをしているように見えないからです。また、相手のジェスチャーを素早くまねるのも、やめましょう。こうした動作も、やはりふざけているような印象を与えます。

ミラーリングやマッチングはどちらも意識的に相手の振る舞いを観察することを必要とします。とはいえ、目標は相手が気づかないようにミラーリングを行い、あたかも無意識の行動であるかのような印象を与えることです。急な動きを避けるために、少なくとも30秒以上待ってから相手の振る舞いのミラーリングやマッチングを行うようにしましょう。即座に行動を起こすと、相手に自分の意図を悟られる危険があるからです。誰かが自分のものまねをしていることに気づくのは、不愉快で気味の悪いものです。しかし、相手のジェスチャーや声のトーン、振る舞いを鏡のように自然に映し出せれば、無意識のレベルで同類意識を生み出すことができます。

他人の振る舞いをミラーリングする際には、「ペーシング」（波長合わせ）や「リーディング」（誘導）の方法も知らなければなりません。ペーシングやリーディングといったテクニックによって、相手は無意識のうちにあなたをミラーリング（あるいはマッチング）しはじめます。その段階に達すれば、彼らとのあいだに究極の無意識の絆が生まれます。職場の同僚や家族を相手に、ぜひ試してみてください。彼らが知らず知らずのうちにあなたの振る舞いをミラーリング（あるいはマッチング）しはじめるか確かめてみましょう。もしそうなれば、あなたと彼らの波長が完全に一致したということです。ミラーリングやマッチングは電話でも可能です。その場合は、語彙や発話速度、声のトーンや高さ、ボリュームを相手に合わせて変えてみましょう。

私は言語的なミラーリングのほうが、非言語的なミラーリングよりも自然で効果的だと考えています。

例えば、内向的な人はゆったりした穏やかな口調で話し、何をどう言うか先に考えてから口を開く傾向があります。一方、外向的な私は、大声かつ早口で話し、しょっちゅう口を滑らせています。そこで、私は内向的な人と話すときは、声の大きさや話すスピードを相手に合わせるようにしています。こうしたほうが、内向的な人は落ち着いて会話できるようです。「わざとらしく聞こえるのではと不安になりませんか？」と聞いてくる人もいます。しかし私の経験では、その心配はまったくありません。私の話し方が自然だからこそ、彼らは安心して話すのです。

　面接中は対象者に好感を持ってもらわなければなりません。そうすれば彼らはあなたを信頼し、真実を語ってくれます。人びとが真実を明かしてくれるのは、彼らがあなたにそれを打ちあけたいと思ったときだけ——私はそう訓練生に話しています。面接官は対象者をその気にさせなければなりません。もしも面接官が対象者を大切にせず、好意も示さず、満足感を与えなかったら、誰が彼に真実を打ちあけようと思うでしょうか？

　講習のインストラクターをしているとき、私はよく笑顔を見せます。教室の講習生たちが微笑み返してくるのは、通常、彼らのミラーニューロン（いわゆる「ものまね細胞」）が活性化しているからです。たいていの場合、彼らは楽しくて笑っているのではなく、自分の見たものを鏡のように映し返しているだけです。科学者によれば、自分がある感情をいだいたときと、誰かが同種の感情をいだいているのを見たときのどちらも、脳の同じ部位が活性化するのだそうです。したがって、反射的に笑顔を浮かべただけでも、実際に嬉しい気分になることがあるのです。

　先日私は、コーネル大学からリーダーシップ心理学コースの修了証書を授与されました。同コースの講義で、担当教授は「情動感染」の影響力について考察していました。この言葉が示唆するように、感情は無意識レベルでの感染力を持っています。誰かのそばにいるときに、わけもなく喜びや悲しみ、怒りがこみ上げてきたことはありませんか。彼らに会う前はそんな気持ちではなかったのに。もしかするとあなたは、彼らの感情に「感染」したのかもしれません。面接において感情のこうした作用を理解することは不可欠です。あなたが穏やかで落ち着いた気分なら、まわりの人びとも同じような気分になります。対象者が緊張や不安などを示していたら（呼吸が速い、まばたきが多い、汗をかいている、などの生理学的なストレスの兆候が見られたら）、穏やかな態度によって彼らを落ち着かせる必要があります。一方、あなた自身が緊張や不安を抱えていて、ボディランゲージでそれが伝わった場合、対象者も緊張や不安をいだきはじめるかもしれません。もしあなたがオープンなボディランゲージ（訳注：相手を受け入れるような表情や身振り）を見せれば、対象者もオープンなボディランゲージを見せるようになります。あなたが自信に満ちあふれ、常に感情をコントロールできていれば、相手も同様の落ち着いた姿勢を示すはずです。このようにミラーニューロンの科学は、いかなる対立や衝突の場でも最高のツールになってくれます

３つめの信頼関係構築テクニックに進む前に、ミラーニューロンについての面白い話を紹介しましょう。誰かがあくびをしているのを見ると自分もあくびをしてしまうのは、ミラーニューロンのしわざです。次にたくさんの人がいる空間に足を踏み入れるときには、まずあくびをしてから周囲を見渡し、誰かがあくびをしていないか確かめてください。もしあくびをしている人がいたら、彼らはおそらくあなたを見ていたのでしょう。あくびは伝染するからです。自分が注目の的になっているかどうかを確かめたければ、ぜひあくびをしてみてください。

言葉づかいを変える

相手と心を通わせるための3つめのテクニックは、言葉の使い方に関わるものです。驚くべきことに、面接官の言葉づかいを見れば、面接の失敗を予測することができます。言葉の中には、こちらの意図しない形で、ネガティブで非難めいたトーンを帯びてしまうものがあります。ですから、相手と話すときには、ポジティブで非難がましくない言葉づかいを心がけなければなりません。

ポジティブな言い回しは「できること」「やっていること」を重視しますが、ネガティブな言い回しは「できないこと」「やっていないこと」に目を向けがちです。ポジティブな言葉づかいは礼儀正しく、丁寧で、親切な印象を与えます。何よりも、ポジティブな言い回しをすれば、相手を身構えさせる恐れがなくなります。言葉づかいがポジティブであれば、往々にしてポジティブな結果が待っているのです。

非難がましくない言葉づかいにも同じことが言えます。相手をとがめない言い回しを使えば、敬意のこもったコミュニケーションが生まれ、信頼関係が深まります。非難めいた言葉づかいの裏側には必ず、相手を責める気持ちが潜んでいます。非難がましい態度でのぞめば、相手を身構えさせ、攻撃的にさせるだけです。ではここで、非難めいた言い回しの実例と、それらを相手を責めない言い回しに変える方法を紹介していきましょう。

- 「頭にきたでしょう」と言う代わりに、「今、どんな気分ですか」と聞くようにしてください。「怒らせてしまったみたいですね」と言ったり、「何か怒らせるようなことをしましたか」と聞いたりするのもやめましょう。これらはどれも、人の気持ちを勝手に決めつける言葉だからです。読心術者でもない限り、そんなことは無理です。それより、今の気分はどうかと聞いてみましょう。そうすれば、相手への共感を示し、彼らを対話に引き入れることができます。

- 「私の言ったことを誤解したみたいですね」ではなく、「もっとわかりやすい言い方をすべきだったかもしれません」と言いましょう。こうすれば、誤解の責任は自分にあるような印象を与えることができます。
- 相手が嘘をついていると思っても、「嘘をついてますね！」と言ってはいけません。たとえ本当に嘘をついていたとしても、彼らは十中八九、それを否定するからです。代わりに、「その話には裏がありそうですね」や「私の勘違いかもしれませんが、何かほかにも言いたいことがあるようですね」といった言葉を投げかけましょう。また、「私の勘違いかもしれませんが、すべてを打ちあけてもらったようには思えません」といった言葉づかいも避けましょう。「思えません」のような否定語を使うと、ネガティブな印象を与えてしまいます。
- 「昨夜の居場所についての詳しい説明を飛ばしましたね」ではなく、「あなたは昨夜の居場所について、もっと詳しく話したいようですね」と言いましょう。こうすれば、相手を問いつめることなく、「埋めこまれた命令」（訳注：聞き手に気付かれないようにさりげなく挿入された指示や命令）を伝えることができます。ここでの「埋めこまれた命令」は「あなたは話したい」です。私はかつてある企業の幹部と面会し、「誘いだし」に関するトレーニングを売りこもうとしました。この会社にクライアントになってほしかった私は、プレゼン中に「埋めこまれた命令」を伝えました。私は彼に向かってこう言ったのです。「あなたが２００人の販売員のためにこのトレーニングの導入をただちに決意するならば、四半期の収益は大幅に増加するでしょう」。目の前に座っていたその幹部は、顎に手を当て（自信に満ちたポーズです）、私の目を見ながら、熱心に耳を傾けていました。翌日、一対一のミーティングのあと、彼から電話が来て、この先3か月間の契約を提案されました。私の使った、「ただちに決意する」という「埋めこまれた命令」が功を奏したのです！

コミュニケーションで使う言葉づかいについては、慎重に検討するようにしましょう。ポジティブで相手を責めない言葉づかいを取り入れることは、人生を変えるほどの効果をもたらします。しかもそれを実行するのはとても簡単です。とにかく練習を重ね、自分の脳をきたえ直しましょう！　本章の末尾のエクササイズでは、さらに10の実例を紹介し、引きつづき練習ができるようにしてあります。エクササイズの解答例については巻末の付録Cを参照してください。

対象者にポジティブな属性を付与する

対象者との共通の基盤を築き、相手が打ちとけてきたあと、彼らから率直な態度や本音を引き出すための取り組みの一つとして、私は彼らに「ポジティブな属性」を付与することにしています。つまり、前向きな性格の持ち主に仕立て上げようとするのです。私がこの4つめのテクニックを使うのは、対象者が私に嘘をついているか、重要情報を隠していると感じられる場合です。このテクニックは「プライミング効果」を使って対象者から誠実さを引き出しているとも言えます。プライミング効果とは、あらかじめ受けた刺激によって、知らず知らずのうちにその後の行動に影響が出ることを言います。プライミング効果は無意識下で起こるため、意図しないところで人の行動を左右する可能性があります。この4つめのテクニックでは、対象者にある属性を付与し、特定の振る舞いをするように仕向けます。例えば、相手を「正直さ」「誠実さ」といった属性の持ち主に仕立て上げ、彼らに正直で誠実な人間になるように促すのです。この作戦はうまく機能します。なぜなら、人は本質的に正直で誠実な人間になりたいと願っているからであり、まわりの期待に応えることを望んでいるからです。あなたの言葉を無意識に聞いているうちに、彼らの行動はポジティブな属性の影響を受けるようになります。これまでに私が使った実例の中で、成功を収めたものをいくつか紹介しましょう。

- 「あなたのやったことは受け入れられませんが、それを話してくれた勇気はすばらしいと思います」
- 「あなたは周囲の人たちから信頼される男だそうですね。それは私にもわかります」

信じられないかもしれませんが、この方法はよく効きます。対象者が今にも真実を打ちあけそうだと感じたとき、私は彼らにこうしたポジティブな属性を付与することによって最後のひと押しを加え、口を割らせようとします。ではここで、嘘をついていると思われる人びとに私が割り当ててきた、ポジティブな属性の実例を紹介しましょう。

- 「私はあなたが正直な人だと信じています。あなたは自分のしたことについて、なぜそれをしたのか、ごまかさずに答えてくれました」
- 「あなたは人を大切にする人間です。自分自身や私のことも大切にしてくれると信じています」

・「あなたは勇気のある人ですね。逃げずに真実を打ちあけてくれるのですから」
・「あなたは正義を信じ、正しい行いをしてきました。ですから、真実を語ることが正しい行いだということも、わかっているはずです」
・「あなたは人間です。人間は過ちを犯します。当時はそれが正しいと思えたとしても――。しかし私たちは同時に、人間として、あらゆる行動の責任を取らなければなりません。過ちも含めてです。あなたは自分の行動の責任を取れる人だと信じています。臆病者ではないからです」

このテクニックは一見すると、陳腐で現実離れしたものに思えるかもしれません。しかし、私の数十年のキャリアの中で、何度も成功を収めてきました。あなたもぜひ試してみてください。忘れてはならないのは、常に誠実であれということです。お世辞もそうですが、これらの言葉は、ほんの少しで十分です。やりすぎると空々しくなり、効果が薄れてしまいます。

協力を求める

ある同僚は、かつて私にこう言いました。「レナ、私たちが人を助けようとするのは、ただ単に、そのほうが気分がいいからだよね」。この発言についての細かい議論はさておき、私もまた、誰かを助けることができたときは気分がいいです。ということは、私を助けてくれた人もまた、気分がいいに違いありません。対象者に対して、「もう少し詳しく説明してもらえると助かります」「正直に打ちあけてもらえると助かります」と言ったり、「手伝ってもらえますか」と頼んだりすると、彼らはより好意的な態度で情報を提供してくれるようになります。これらが簡単な頼みごとであれば、たいていの人は拒んだりしません。このテクニックは家庭で子どもたちにも応用できます。「夕食の後片づけをしなきゃダメでしょ」ではなく、「ママが後片づけするのを手伝ってくれるかな」と頼んでみましょう。すると、前よりも丁寧にお皿を洗うようになるかもしれませんよ。

　ある時、私は企業家の集まりで講演を行いました。講演の終了後、聴衆の一人が私のところへやってきて、社員にもっと意識を高く持ってもらうにはどうすればいいかと聞いてきました。「具体的には、何が気になっているのですか？」と尋ねると、彼はこう答えました。「私はただ、床にゴミが落ちているのを見たら、それを拾ってほしいだけなんです！　汚れたテーブルは拭くべきだと気づいてほしいんですよ」。私は、それは意識の問題というよりも、むしろモチベーションの問題ではないかと言いました。そして、問題解決の第一歩として、社員にあれこれ指図するのをやめて、「自分を助けてほしい」と頼んでみてはどうかと助言しました。その上で、次のステップとして、彼らとうまく心を通わせる方法や、率先した行動を促す方法を見つけだせばいいと伝えたのです。

　私のツールボックスの中から、最良のツールを1つだけ選べと言われたら、それは信頼関係になります。信頼関係さえあれば、どんなに非協力的な人物でも、味方に引き入れることができます。次章では、どうすれば「人の原動力、モチベーション、欲求」を突きとめられるかについて、説明したいと思います。

「人を裁く前に、まず自分が完璧かどうかを確かめなさい」

——作者不明

エクササイズ

ネガティブな言い方をポジティブな言い方に、非難がましい言い方を相手を責めない言い方に変えてください。解答例は巻末の付録Cに記載されています。

1 「失礼ですね」
2 「私をそんなふうに扱わないでください」
3 「納期に間に合いませんよ」
4 「その報告書を提出するまで、あなたは帰れません」
5 「私の話をぜんぜん聞いてないじゃないですか」
6 「私の考えなんてどうでもいいんですね」
7 「『自分はもう、かつての自分ではない』なんて言わないでください」
8 「怒鳴らないでください」
9 「私の言ったことを誤解しているようですね」
10 「なぜそんなに怒っているのですか」

第4章 人の原動力、モチベーション、欲求を理解する

前章では、人びとと深い心のつながりを築き、信頼や協力を引き出すことに焦点を合わせてきました。対象者と信頼関係を築き、自分と相手の双方の感情を取り扱う際には、強靭でしなやかな精神（レジリエンス）を発揮し、窮地や気まずい状況から、すぐに立ち直れるようにしなければなりません。相手との共通点を見いだす最初の試みが失敗に終わったとしても、決して焦《あせ》らず、もう一度トライしてみてください。自分にイライラすれば、対象者にも腹を立ててしまう可能性があります。さらに、ミラーニューロンや情動感染のために、対象者はあなたのイライラを自分のものとして感じ、腹を立てはじめるかもしれません。常に冷静さを保ち、ＥＱ（心の知能指数）を発揮し、人間は相互交流を必要としていることを忘れないでください。

本章では、人間の行動をもう少し深く掘り下げ、各個人のモチベーションの発見の仕方を考察したいと思います。モチベーションには実利的なものと心理的なものがあります。実利的モチベーションの例とし

てあげられるのは、雇用の保障、金銭、財産、生存に欠かせないもの（食物や水、衣服、医療、安全、住まい）などです。一方、心理的モチベーションの例としては、罪悪感、恥の意識、世間体、信頼、社会や家庭での役割、地位、エゴ、愛情、帰属感などがあげられます。対象者を突き動かし、真実を打ちあけようと思わせるモチベーションを発見できれば、それらをうまく利用して彼らに揺さぶりをかけ、本音を引き出すことができます。しかし、対象者のモチベーションには、たいてい何かしらの欲求が付随しています。例えば、「安全」がモチベーションなら、対象者は特定の受刑者から身を守るための新たな独房を欲しがるかもしれません。「罪悪感」を取り除くことがモチベーションなら、対象者は安心感を与えてくれる人物と話したがるかもしれません。真実を語る上での「匿名性」がモチベーションなら、対象者の欲求は他者から身を守ってもらうことかもしれません。

　私の「戦略的法執行機関尋問講座（Strategic Law Enforcement Interviewing Course＝ＳＬＩＣ）」は、「相手を責めない、信頼関係にもとづくテクニック」に重点を置き、単なる「自白」という枠を超え、「全面的な協力」と「完全なる情報」を獲得することを目指しています。私は訓練生に対して、「自白の追求」から「事件の徹底解明」への発想の転換を図るように呼びかけています。また、とりわけ対象者を限界点（真実を打ちあけるかどうかの瀬戸ぎわ）へ追いこむときには、焦らずじっくり構えるように言い聞かせています。限界点は尋問の中で最もデリケートで重要な局面です。少しでも対応を誤れば、対象者の後退を促してしまう可能性があります。限界点にさしかかっているかどうかは、いつでも見わけがつきます。ボディランゲージによる手がかりとしては、「がっくりとうなだれる」「目を合わせない」「肩を落とす」などがあげられます。彼らは背中が丸まり、縮こまって見えます。このとき、対象者は重度の情緒的・精神的ストレスにさらされています。彼らは身を固くしてストレスに耐えているのです。対象者へのアプローチを慎重に行い、安全で心地よい環境を作り上げ、彼らが観念し、真実を打ちあけてくれるのを待ちましょう。決して彼らを裁いたり、非難したりしないでください。あなたがすべきなのは、「きっといろいろなことが頭をよぎっているのでしょう」といった言葉をかけながら、対象者に共感を示すことです。次に、彼らにポジティブな属性を付与しましょう。「でも、最終的には、きっと勇気をもって真実を打ちあけてくれると信じています」。その後、あなたにできる最も大切なことは、沈黙を楽しむことです。何も話さないでください。対象者に沈黙を破らせましょう。あなたが話しつづけていたら、彼らは口をはさめなくなります。さて、5分が経過してもまだ彼らが黙ったままなら、先ほど私が紹介したテクニックを、もう一度繰り返してください。

①共感的な言葉をかける、②ポジティブな属性を付与する、③沈黙を守る。

原動力：人の行動を駆り立てるもの

人は、さまざまな理由であなたに嘘をつこうとします。あなたへの怒りから嘘をつく人もいます。彼らは、その怒りをあなたへの憎しみと認識しています。真実を告げることや、それがもたらす影響を恐れて嘘をつく人もいます。イデオロギー的な理由で嘘をつく人もいます。彼らはあなたと価値観やモラルを共有できていないと感じているのかもしれません。社会的要因やネガティブな関係性（「われわれ」対「彼ら」、「善」対「悪」など）が理由で真実を語ることを拒む人もいます。真実を打ちあければ、仲間から追放されると思いこんでいる人もいます。

面接者としてあなたは、対象者を嘘へ駆り立てているものの正体を突きとめなければなりません。

内向きか外向きか

人を行動に駆り立てる要因は、その人が「内向き」か「外向き」かによって異なります。内向き（inward focused＝ＩＦ）の人は、自分自身や、みずからの肉体的・精神的・社会的な幸福に関心を持っています。彼らはまた、他人からどう見られているかを気にしています。彼らは自分が置かれている状況を主観的にとらえ、個人的な意見や感情というレンズを通して新しい経験を眺めています。端的に言えば、内向きの人とは、物事が自分にどんな影響を与えるかに関心がある人のことです。

一方、外向き（outward focused＝ＯＦ）の人は、自分の行動が他人にどんな影響を与えるかに関心があり、他人からどう見られているかにはあまり関心がありません。彼らは、個人的な意見や感情を差しはさむことなく、状況を客観的に眺める傾向があります。彼らはみずからの行動によって他人がどんな気持ちになるかを気にしています。

相手がＩＦかＯＦかを知ることは、彼らのモチベーションや欲求を突きとめ、信頼関係を築き、ポジティブな属性を付与するのに役立ちます。例えば、面接の対象者が内向きのＩＦの場合、罪の意識や信用の失墜、社会的地位の低下といった不安要素のために、真実を打ちあけるのを恐れる傾向があります。一方、相手が外向きのＯＦの場合、敵を作ったり、他人の名誉を傷つけたりすることを恐れて口を閉ざすかもしれません。ＯＦに友人を裏切るように説得するのは難しいでしょう。しかし、ＩＦは自分の利益のためならば簡単に仲間を売るかもしれません。一方、ＯＦに対して罪悪感を刺激する作戦を取っても、あまりうまくいかないかもしれません。罪の意識は内向きの感情だからです。代わりに、あなたは「恥の意識」――外的要因にもとづいた感情――に訴えかける必要があります。

たったひと言がきっかけで状況が一変し、相手から真実を引き出せることもあります。9・11アメリカ同時多発テロの後、グアンタナモ米軍基地の収容所で中東出身の抑留者を尋問していたころ、私は彼らの罪悪感を刺激することによって必要な情報（テロリスト訓練キャンプの所在地や、テロ活動の資金源、次のテロ攻撃の日時など）を引き出そうとしたことがありました。しかし、嘘をつくことへの罪悪感を持たせようとした私の試みは、まったく功を奏しませんでした。

「彼らは私に嘘をつくことに後ろめたさを感じるだろう」――私は当初、そう思っていました。なぜなら、私は抑留者に敬意をもって接し、励ましを与え、安心感を生み出そうと努力してきたからです。そんな時、私の通訳を務めていたある男性が、文化の違いに関する貴重な助言を与えてくれました。彼によると、罪の意識に訴えかけても、抑留者たちの心には響かないのだそうです。中東の文化では、人びとの心は「恥の意識」と強く結びついています。彼らは外向き（ＯＦ）の人間であり、集団主義社会に生き、グループやその相互関係に関心を持っています。彼らはみずからのあらゆる行動を強く意識しています。なぜなら、それらの行動は集団に大きな影響を及ぼすことになるからです。一方、アメリカ人は個人主義社会に生き、集団よりも個人の欲求を重んじています。こうした社会であれば、罪悪感というカードを使って人びとから本音を引き出すことが可能になります。

ラダリング（はしご登り）

人の原動力やモチベーション、欲求を突きとめようとする際には、その人がどんな文化に属し、どのような行動様式の持ち主であるかを理解しなければなりません。彼らの性格特性や変化への対処法、意思決定スタイル、コミュニケーション方法、ＩＦかＯＦかを把握できているかどうかで、交渉や真相究明の成否が決まる可能性があります。

　まずは相手の身になって考え、罪の告白や真実を語ることにどんな価値があるのか自問してみましょう。もし相手の立場だったら、どんな動機から真実を語ろうとするでしょうか。すぐに答えが出なくても、なんとかして見つけだす必要があります。こうした答えを出すための手軽な方法として、「ラダリング（はしご登り）」というテクニックがあります。ラダリングは、トーマス・J・レイノルズとジョナサン・ガットマンによって1988年に考案された理論です。両者は同年に「Laddering Theory, Method, Analysis, and Interpretation（ラダリング理論、メソッド、分析および解釈）」という論文を共同執筆しています。ラダリングは、ビジネス業界でも広く利用されています。とりわけマーケットリサーチャーは、このテクニックを使って顧客が特定の商品やサービスを購入する動機を突きとめています。ラダリングは、人びとと商品やサービスの「意味のあるつながり」を探そうとします。購入への意欲を左右するのは、これらの「つながり」だからです。レイノルズとガットマンは、ある商品が特定の人間や集団にとってどんな価値を持っているかを理解できれば、その価値観にもとづいて商品を売りこむことが可能だとしています。ラダリングを使えば、どんな行動様式がその人の意思決定プロセスに影響を与えているかがわかります。よって販売の分野では、その人がどんな動機によって購入を決意するのかがわかるのです。

　尋問官として、私もラダリングを利用し、抑留者がどんな動機から真実を打ちあけるのかを突きとめていました。その効果は抜群だったため、今では戦略的な面接の研修にもラダリングを取り入れています。

　ラダリングのやり方はシンプルです。面接者は「why（なぜ）」「how（どのように）」から始まる一連の探りを入れるような質問を投げかけ、その人物のモチベーションを見きわめていきます。謎めいた部分などいっさいありませんが、効果的に使えば、大量の貴重な情報を生み出してくれるのです。

なぜこのテクニックは「ラダリング（はしご登り）」と呼ばれるのでしょうか。それはラダリングが、より高いレベルの知識に到達することを目指しているからです。はしごを登っているところを思い浮かべてください。あなたは一段ずつ着実に登っていく必要があります。高く登れば登るほど、次の段に達するのは難しくなるかもしれません。ある人物の商品購入の（私の分野では、真実の告白の）動機を突きとめる場合、基本的には会話のレベルを通じてはしごを登っていくことになります。まずは本題と関連のない、信頼関係にもとづいたトピックからスタートし、それからしだいに関連度の高いトピックへ進んでいきます。やがてその人物は、より個人的でデリケートな情報を打ちあけることを求められます。

レイノルズとガットマンによれば、マーケティングの世界では、あらゆる商品やサービスは固有の属性を持つと考えられています。しかし「属性」だけでは、ものは売れません。購入への意欲をかき立てるのは、その属性が持つ「価値」です。マーケットリサーチャーは、なぜ消費者がある商品の属性を他のものより高く評価するのかを知りたがっています。それを突きとめることができれば、その価値観にもとづいて商品を売り出すことができるからです。例えば、車を買おうとしている場合、通常はその車の「見た目の美しさ」や「燃費」、「安全機能」「下取り価格」などに目が行きます。しかし買い手は、販売員が思いつかなかった別の属性について思いを巡らせているかもしれません。例えば、「愛犬の乗るスペース」です。もし2人の人間が乗るのにぴったりな車だったとしても、大型犬にとって十分なスペースがなければ、買い手はその車の購入を見送るかもしれません。マーケットリサーチャーは、その車に魅力を感じる理由が「燃費」なのか「愛犬の乗るスペース」なのかを知りたがっているわけです。こうした価値は個別に測定されることもあれば、人口統計学的に測定されることもあります。

皆さんはマズローの欲求5段階説について、おそらく聞いたことがあるのではないでしょうか。アメリカの心理学者であるアブラハム・マズローは、人間の動機づけについてのある理論を考案しました。彼は人間の行動を動機づけているのは、単なる報酬ではなく、一連の欲求であると考え、それらの欲求を5段階のピラミッド型モデルで説明したのです。人間の欲求はピラミッド（あるいははしご）状の階層を成しており、低次の欲求からより高次の欲求へと進んでいき、最終的に自己実現の欲求へたどり着く、というのがマズローの理論の骨子です（マズローにとってこの自己実現は、自分の能力や可能性を最大限に発揮し、ありのままの自分になることを意味していました）。しかし、人間の欲求は、時間とともに変化する可能性があります。ピラミッドの中ほどの「愛情と所属の欲求」を満たす一方で、「住みか」に対する基本的な欲求を失うかもしれません。例えば、夫婦が離婚し、財産分与で妻が家をもらったとします。その場合、夫は、相変わらず家族から愛されているかもしれませんが、今や「住みか」（基本的な欲求の対象）を失ってしまったことになります。

私は人びとがどんな動機から真実を告白するかを見きわめる際に、マズローの理論を利用しています。私としては、人びとのモチベーションは2つの要素の影響を受けていると考えたいです。それは「実利的欲求」と「心理的欲求」です。

面接官として、私は常に真相を究明しようとしています。そのためには、人びとを真実の告白へ駆り立てる動機を知るだけではなく、告白が終わったあとに、彼らのどんな欲求に対応すべきかを知る必要があります。それは「他者から身を守りたい」といった実利的欲求でしょうか。それとも「仲間から称賛されたい」という心理的欲求でしょうか。この、ラダリングとマズローの欲求5段階説は、あらゆるタイプの面接官にとって、きわめて重要な2つのツールだと言えます。

ラダリングはマーケットリサーチだけでなく、面接や尋問の分野でも非常に大きな効果を発揮すると考えています。私は、殺人課の刑事から、不正経理を調査する民間企業の職員まで、数多くの人びとを訓練してきました。そして彼ら全員にある助言をしてきました。それは、人びとを真実の告白へ駆り立てる動機がわからなければ、彼らに口を割らせることはできないということです。

　では、ラダリングのテクニックをどう活用したらいいのでしょうか。ラダリングでは「なぜ」「どのように」から始まる、探りを入れるような質問を投げかける必要があります。元尋問官として忠告しておきたいのは、「なぜ」から始まる質問は、攻撃的で相手を責めるような印象を与えかねないということです。こうした質問は人びとを身構えさせてしまう可能性があります。そこで私は、他の質問の中に「なぜ」から始まる質問を散りばめることによって、相手に警戒心を持たせないようにしています。

　ここでの「探りを入れる質問」とは、「なぜ、それがあなたにとって重要なのか／重要でないのか？」「それについてどう思うか？」「そのことでどんな気分になるか？」「なぜ、そう思うのか？」といったものです。それらは、ずばり核心を突く可能性があります。しかし前述の通り、この種の質問は非難めいた印象を与えるため、矢継ぎ早に投げかけるのは望ましくありません。声のトーンや話すスピードが原因で相手を身構えさせてしまう可能性もあります。穏やかさと自信を兼ね備えた話し方を心がけましょう。最初に相手との信頼関係を築くことを忘れないでください。くれぐれもポジティブで相手を責めない言い回しを使うようにしましょう。さもないと、相手は完全に口を閉ざしてしまうかもしれません。

　ラダリングは、人びとが安心して真実を打ちあけられる環境を作りだしてくれます。中立的で相手を責めない質問によって進行するからです。焦らず、真摯に、穏やかに質問を重ねていってください。しかしながら、ラダリングを機能させるには、巧妙な質問を投げかける必要があります。相手の言葉にじっと耳を傾け、探りを入れるような効果的な質問を思いつかなければなりません。それらの質問の中に、対象者の使った言い回しをさりげなく取り入れれば、彼らに気を配っていることをアピールできます。対象者自身が使った言葉を繰り返し聞かせると、無意識レベルで彼らの重要性を強調することになるからです。

面接や交渉を行うときには、自分にこう問いかけてみてください。「対象者はどんな理由から真実を語ろうとするだろうか？」この質問に答えられないのなら、おそらく真実を引き出せないでしょう。尋問官は、自分ならこの質問に答えられると思いがちです。たいていはこんな答えが返ってきます。「自白するに決まってますよ。証拠がありますからね」。もし対象者が証拠を認めなかったらどうするのでしょうか？対象者のモチベーションや欲求を見きわめ、それらの欲求にきちんと対応すれば、真相究明の成功率を高められます。その方法の一つとして、真実の告白という行為に特別な価値を付与し、値打ちを上げるというものがあります。本章の冒頭で述べたように、私たちが付与できる価値、モチベーションには「実利的なもの」と「心理的なもの」の2種類があります。例えば、会社の資産を私的に流用している社員がいたとします。正直に質問に答える動機となる「実利的価値」の焦点は、「雇用の確保」や「社会的信用」などにあります。その場合、以下のような言い方ができるでしょう。「いま正直に答えてくれれば、会社は寛大な処置を下し、現在のポストを失わずにすむかもしれません」「何があったのかわからなければ、人びとはあなたの仕事を信頼しなくなるかもしれません。その結果、あなたは雇用契約を失い、今のポストを失う可能性があります」「会社はこの調査に多大な労力を費やしています。彼らはあなたから現在のポストを奪うかもしれません。そうすれば、余計な手間をかけずにすむからです」「会社はあなたをリスク要因と見なし、解雇に踏みきるかもしれません」

一方、正直に質問に答える動機となる「心理的価値」の焦点は、「罪悪感」「不安」「信用」「世間体」「恥の意識」などのネガティブな感情にあります。「心理的価値」を付与する際には、次のような言い方ができるでしょう。「もし正直に打ちあけなければ、多くの会社はあなたとの仕事を避けるようになるでしょう」「本音をさらけだせば、嘘をつくことによるストレスや不安が減り、恐れがやわらぎます」「正直になれば、いい人になれます」「人びとはあなたにネガティブな印象をいだくかもしれません。あなたのせいで会社に不祥事が起きたと考えているなら、なおさらです」「あなたの行動のせいで、この会社の信用は失墜しかねません。そうなれば、多くの人びとが職を失う可能性があります。自分の行動が人びとにどのような長期的な影響を及ぼすか、わかっていますか」

バリー・ミンコウという名前の男を覚えていますか。彼はアメリカの詐欺師で、重罪を犯し、有罪判決を受けた人物です。バリーは高校時代に「ZZZZベスト」というカーペットクリーニング会社を起業し、のちにこの会社を舞台にして、アメリカ史上最大の出資金詐欺事件を引き起こすことになります。彼は1985年に高校を卒業すると、みずからが立ち上げたカーペットのクリーニング&修復事業にフルタイムで従事しはじめました。1986年には自社の株式を公開し、時価総額は2億ドル以上に達しました。やがて彼は人気トーク番組『オプラ・ウィンフリー・ショー』にまで出演し、名声や富を見せびらかすようになります。しかし実際には、ZZZZベストは巨大な投資詐欺の隠れみのにすぎなかったのです。同社は1987年に倒産し、投資家や金融業者は大金を失うことになりました。この事件はその悪名の高さゆえに、詐欺事件のケーススタディとして、いまだによく使われています。

バリー・ミンコウは、逮捕された当初、組織犯罪集団のメンバーから強要されて投資詐欺を行ったと嘘をついていましたが、のちに単独犯だったことを認めています。みずからの投資詐欺の成功を勝ち誇っていた彼は、一時はFBIに協力を申し出て、詐欺事件の捜査を支援したこともありました。しかし、いったんは刑に服したものの、彼はすぐさま元の詐欺師に戻ってしまいました。バリーを突き動かしていたモチベーションはエゴでした。彼は他の誰よりも賢く、裕福な人間になりたかったのです。かつて罪を告白し、「いい人」になれたとき、彼は人から好かれ、信頼されることにおそらく快感を覚えたでしょう。しかし、彼の根底には「神のような全能感」への憧れがあり、さらなる詐欺事件を起こしても逃げおおせると思いこんでしまったのです。死ぬまで詐欺師でありつづけたい――それが彼を犯罪へ駆り立てる動機であり、心理的欲求でした。仮にバリーを尋問しなければならないとしたら、こうした情報がヒントになるでしょう。バリーはおそらく、プライドやエゴを「おとしめる」アプローチ――人を欺いたことへの罪悪感をいだかせるようなやり方――には反応しないでしょう。彼が反応する可能性が高いのは、プライドやエゴを「持ち上げる」、次のようなアプローチです。「あんなに見事に人を欺くことができるなんて、あなたはなんと頭脳明晰な人なんでしょう！」

　何が相手の行動や思考を駆り立てているのかを突きとめられれば、それを「てこ」にして彼らの心を開くことができます。焦らず、穏やかな気持ちでラダリングを使い、問題意識を持って耳を傾ければ、相手のモチベーションを見つけだし、彼らから真実を引き出せるようになります。人びとが真実を打ちあけてくれるのは、本人がそうしたいと思ったときだけだということを忘れないでください。あなたは彼らの警戒心を解き、信用を得なければなりません。人間らしさや敬意、威厳を保つことによって、安心できる環境を作りだし、相手の信頼を勝ち取りましょう。まず耳を傾け、探りを入れ、最後に彼らの関心事や欲求に対応するようにしてください。

モチベーションの方程式

　人の原動力、モチベーション、欲求を知るというトピックの締めくくりとして、「モチベーションの方程式」なるものを紹介したいと思います。

本題に入る前に、一つお勧めしたい習慣があります。それは、実際の会話の前にあらかじめ台本を書いておくことです。そうすれば会話の成功率が高まります。会話の台本を書く際には、モチベーションの方程式を使って目的の達成を促しましょう。あなたには「欲しいもの」があり、相手にそれを「与えて」もらわなければなりません。彼らはどのような動機からそれを「与えたい」と思うのでしょうか。あなたが望む行動に彼らを駆り立てるモチベーションは何でしょうか。そうしたモチベーションには、しばしば、ある欲求を満たすことが伴っています。これを方程式で表すと、次のようなものになります。

彼らのモチベーション＋彼らの欲求＝あなたの欲しいもの

つまり、あなたの「欲しいもの」を手に入れるためには、彼らの「モチベーション」が必要であり、そのモチベーションには、彼らの「欲求」が付随しているのです。面接や交渉の戦略を練る際にこの方程式を使えば、より巧妙に相手を説得し、欲しいものを与えてもらえるようになるでしょう。

「成功への鍵は、障害物ではなく、目標に集中することである」

——作者不明

エクササイズ

ここでは「ラダリング」のエクササイズを行います。以下の3つのシナリオにおいて、対象者はどんな動機から真実を告白しようとするでしょうか？　それを見きわめるための質問を少なくとも5つ考え出してください。それぞれのシナリオについての解答例は巻末の付録Cに記載されています。

シナリオ1

対象者は17歳の少女で、授業中にバッグからマリファナを落とした件で、校長と面談を行っています。隣には母親が付き添っています。少女は、なぜマリファナがバッグに入っていたのかわからないといいます。あなたは彼女が嘘をついていると思っています。では、どのような質問によって探りを入れるべきでしょうか。あなたの目的は、少女のモチベーションと欲求を突きとめ、彼女から本音を引き出すことにあります。

シナリオ2

あなたは企業のヘッドハンターです。しかし、採用候補者は電話に出ようとせず、折り返しの電話もくれません。1週間前、彼はこれから上司と退職について話しあい、あなたの取引先の企業に移る準備を進めると言っていました。しかしそれ以降、ぱったりと連絡が途絶えてしまったのです。その後、ようやく電話に出た彼は、電話をかけ直せなかったことについて謝罪し、「忙しかった」「体調が悪かった」「車が故障した」といった弁解を並べてきました。あなたはそれらの言いわけを信じていません。彼が連絡してこなかった理由を突きとめるには、どんな質問をするべきでしょうか。あなたの目的は、彼のモチベーションと欲求を見きわめ、転職を促すことにあります。

シナリオ3

あなたは起業家です。あなたの目標はクライアントと収入を大幅に増やすことにあります。あなたはソーシャルメディア上で、人脈づくりや人材育成プログラムのマーケティングを行っています。ある潜在的な顧客があなたと連絡を取り、一対一のコーチングサービスの料金を聞いてきました。あなたが料金を告げると、相手はその金額を一蹴し、価格交渉を始めようとしました。しかし、あなたとしてはその価格は絶対に譲れません。彼がこちらの希望価格を払いたがらない理由を探るためには、どのような質問をすべきでしょうか。あなたの目的は、この人物が喜んで希望価格を払い、クライアントに加わるように仕向けることにあります。

第5章 質問テクニックを磨く

言葉を話せるようになって以来、私たちは質問をしつづけてきました。幼いころの質問は、もっぱらシンプルで明快でした。自分の欲しいものがわかっていて、それを簡潔でストレートな言葉で要求すればよかったのです。私の友人かつ同僚であり、『米陸軍諜報指導官に質問されたらあなたは何も隠せない…交渉事で主導権を握るための質問術』（三五館）の共著者でもあるジェームズ・パイルによれば、「人はみな生まれながらの質問者」なのだそうです。しかし、いつしか私たちの質問術は変化しました。大人になった私たちは、自分の質問が他人からどう受けとめられるかを気にしはじめます。さまざまな言葉を付け加え、デリケートな質問の衝撃をやわらげようとするのです。故意か偶然かは別として、会話の中にそっと質問を忍びこませる結果になることもあります。会話が終わるころには、どれが質問だったか見わけるのも難しくなります。もしもその質問が曖昧なものだったら、相手に答えてもらえるはずがありません。冗長でわかりにくい質問をされても、なかなか答える気にはなれないからです。デリケートな質問の場合、控えめで感じのいい言い回しを心がけても、最終的には、ストレートに聞いたときよりも悲惨な結果に終わる可能性もあります。

　ときとして私たちは、自分の聞きたい内容を相手が察することを期待してしまいます。「もう、いいかげんにしてよ。私の言いたいことわかってるんでしょ！」といったセリフを、あなたもきっと口にした経験があるでしょう。コミュニケーション上手になりたいなら、自分の聞きたい内容を相手が察してくれると期待してはいけません。彼らにそんな義理はないからです。先のジェームズ・パイルが言う通り、私たちは子どものころに戻って、のびのびと質問をするべきでしょう。「私の誕生日パーティはいつ？」「いくつプレゼントをもらえる？」「どんなケーキかな？」。これらの質問は簡潔明瞭で、ずばり核心を突いています。質問テクニックを極めれば、会話をコントロールし、敵対的なムードをやわらげ、イチかバチかの交渉ごとで勝利を収め、（そしてもちろん）情報を引き出すことができます。

　本章の目的は、あなたの頭をきたえなおし、敬意や信頼関係を維持しながら適切な質問ができるようにすることです。この必須スキルは、面接で必要となる勇気や自信を与えてくれるでしょう。あなたはただ、自分が何を知りたいのかを思い浮かべ、それを聞くだけでいいのです！　章末には質問スキルを磨くための3つのエクササイズが用意されています。最初のエクササイズは、不適切な質問を効果的な質問に言い換える問題です。このエクササイズは、的確な質問文を作成する習慣を身につけるのに役立ちます。続く2つのエクササイズでは、制限時間内に特定のテーマに関して10の具体的な質問を考え出してもらいます。この問題は脳のトレーニングにもなります。質問を思いつくスピードが速くなればなるほど、面接中に当意即妙な質問を投げかけることが可能になります。

　面接が成功するかどうかは面接官の腕しだいで決まります。そして面接官のスキルの中で最も重要なのが質問テクニックです。本章では、どんな種類の質問を問うべきか、どんな質問を避けるべきか、どうすれば客観的に問いを投げかけられるか、「真実の告白」向けに特別に考案された質問テクニックをどう使うか、などを学んでいきます。そして最後に「嘘を見抜く4つの質問」によって、相手の嘘を見きわめる方法を学ぶ予定です。私はこの4つの質問によって冷静な状況分析《ガットチェック》を行っています。というのも、正直な人と嘘をついている人では、これらの質問に対する答え方がまったく違ってくるからです。さらに、誰かが嘘をついているときに、相手を責めないような形で質問を投げかける方法についても紹介する予定です。あなたの口調に少しでも「非難がましさ」を感じれば、対象者はむきになったり、へたをすると完全に口を閉ざしてしまったりする可能性があるからです。

客観的に問いを投げかける

客観的に問いを投げかけるためには、どちらか一方を支持しているという印象や、対象者の発言を信じている（あるいは信じていない）ような印象を与えてはなりません。問いを立てる際には、勝手な思いこみを避けるようにしましょう。例えば、質問の答えや、相手の感情、反応、情報、策略などについてあれこれ推測するのはやめてください。こうした思いこみは誘導尋問につながり、偏った回答を引き出す恐れがあります。「知らないときは、まず聞いてみる」というのが私の大原則です。客観的な問いを投げかければ、その見返りとして、中立的で偏りのない情報を手に入れることができます。

質問を立てるときのコツは、余分な言葉をすべて取り除くことです。名詞と動詞のみを使い、形容詞や副詞、説明的な言葉はできるだけ避けるようにしましょう。例えば、ビジネスパートナーに「昨日の会議で、なぜクライアントにあんな口をきいたのですか？」と聞いたとします。「なぜ？」は非難がましい印象を与えますし、「あんな口をきいた」という言葉は曖昧です。同じことを相手を責めない言い方で聞きたいときは、次のように言うといいでしょう。「昨日の会議では、クライアントとどんな感じで話しましたか？」。この言い方なら、客観的で、偏見がなく、非難がましさも感じられません。

もう一つの例として、子どもにこう聞いたとしましょう。「ママが言った通りに、ちゃんとゴミを出してくれた？」。まず、これはＹｅｓ／Ｎｏ疑問文であり、ゴミを出していなかった場合、子どもにとって嘘をつきやすい聞き方になります。さらに、この質問は言葉数が多く、非難がましい印象を与えるため、子どもは、かえってむきになってしまいます。代わりに、こんなふうに聞いてみましょう。「今日、ゴミはいつ出したの？」。これは、子どもたちがゴミを出したことを前提にした聞き方であり、彼らを信頼しているような印象を与えます。もしゴミを出していなかったら、子どもたちは少し罪悪感を感じるかもしれません。その場合、彼らは素直に白状するか、もしくはこう答えるでしょう。「ごめんなさい、今すぐやるよ」。もし容疑者に「車を盗んだとき、いったい何を考えていたのですか？」と聞いた場合、彼は見下されているように感じ、意地になって黙りこんでしまうかもしれません。代わりに、こう聞いてみるといいでしょう。「車を盗んでしまったとき、どんな気持ちでしたか？」

言葉は計りしれない力を持っています。たったひと言のせいで、相手は警戒心を強め、口を閉ざしてしまいます。「ネガティブな言い方」を「ポジティブな言い方」に、「非難がましい言い方」を「相手を責めない言い方」に変える方法については、すでに学びました。今度は、質問に使われているすべての言葉に配慮するようにしてください。なぜなら、最終的には、どの言葉も大きな影響力を持っているからです。あなたはそれらの影響力をポジティブなものにする必要があります。

2種類の質問

質問には「自由回答形式の質問」と「選択回答形式の質問（Yes／No疑問文）」の2種類があります。自由回答形式の質問はwho（誰が）、what（何を）、where（どこで）、when（いつ）、why（なぜ）、how（どうやって）といった疑問詞から始まり、説明的な回答を引き出します。選択回答形式の質問は、「はい」か「いいえ」でしか答えられない質問です。あなたの質問が要領を得ないものだった場合、あなた自身と対象者の双方を必然的にいらだたせることになります。質問が遠まわしでわかりにくければ、期待していたような反応が返ってこないことが多いでしょう。質問に対する対象者の反応が曖昧だったときあなたは、彼らがその質問を「避けようとしている」と思うかもしれません。しかし実際には、単にあなたの質問の意図がわかりにくかっただけかもしれないのです。あなたが対象者の回答にイライラすれば、彼らもあなたに怒りを覚える可能性があります。こうなると両者の関係にヒビが入りかねません。

もしあなたがwho（誰が）、what（何を）、where（どこで）、when（いつ）、why（なぜ）、how（どうやって）といった疑問詞で質問を始めることを忘れなければ、何らかの情報を得られる確率が高まるでしょう。さらに、あなたの質問が的を射たものだったら、求めている情報が手に入るはずです。自由回答形式の質問の場合、自分の言葉で具体的に答えなければならないため、口の重い人物にしゃべらせるきっかけを与えてくれます。また、おしゃべりな人物を特定の話題に集中させることで、詳細な情報を引き出せます。自由回答形式の質問は、対象者が当初は忘れていた詳細な記憶をよみがえらせてくれる可能性もあります。また、対象者はプレッシャーを感じることなく好きなだけ情報を提供できるため、彼らの協力や信頼関係の構築を促すことができます。この形式の質問は、会話の流れを促進し、デリケートな情報を提供する際も、対象者に安心感を与えてくれます。

　このとき、冗長でわかりにくい質問は避けましょう。主語と動詞はそれぞれ1つにしぼってください。例えば、「学校を卒業したあと、最近はどんな仕事をしていましたか？　それとも、まだしばらく働かないことにしたのですか？　たしか、いったん休みを取ってからフルタイムの仕事を探すつもりだと言っていましたけれど」ではなく、「卒業してからは、どんな仕事をしていますか？」と聞きましょう。前者はもはや質問ですらありません。最初こそ質問の体を成していますが、その後はダラダラと要領をえない話が続いています。

　尋問官が自分のスキルに確信を持っていない場合、いい質問をしたあとに、余計な付け足しをする傾向があります。その結果、せっかくのいい質問は帳消しになり、わかりにくさだけが残ってしまいます。自分の質問が的確ではないと気づいても、決して後から言葉を付け足したり、言い換えたりしないでください。そのまま質問に答えてもらい、次の質問に進みましょう。例えば、「誰が金を盗んだのか、あなたは知っていますか？」とＹｅｓ／Ｎｏ疑問文で聞いてしまったあとに、「きっと『いいえ』と言って嘘をつくに違いない」と気づいた場合にも、いったんはそのまま答えさせましょう。そしてそののちに、「では、誰が金を取ったのですか？」のような、自由回答形式の質問を投げかけてみてください。

　なお、選択回答形式の質問にも、ある用途があります。それは、事実を検証・確認し、嘘をついているかどうかを見きわめることです。実際、本章の終盤で紹介する「嘘を見抜く4つの質問」のうち、2つは選択回答形式のＹｅｓ／Ｎｏ疑問文です。のちほど説明しますが、私はこれらの質問を使って冷静な状況分析《ガットチェック》を行い、対象者が正直に答えているかどうかを確かめています。しかし、こうした目的以外では、なるべく私は選択回答形式で質問するのを避けています。例えば、相手の伴侶の名前を知りたいけれど、既婚者かどうかはっきりしない場合、「結婚していますか?」と聞くべきではありません。シンプルに「お連れ合いの名前は何ですか?」と聞きましょう。相手が結婚していなければ、その事実を告げてくれるでしょうし、結婚しているのなら、伴侶の名前を教えてくれるでしょう。

質問の「繰り返し」と「操作」

自由回答形式の質問は、対象者が提供している情報の正確さを検証する際にも役立ちます。対象者から十分な信頼や協力を得られない場合には、とりわけこの方法が功を奏します。尋問や面接の際には、2つの要素――「繰り返し」と「操作」――を質問に加えることが可能です。「繰り返し」とは、その名の通り、以前に聞いた質問をもう一度投げかけ、対象者の答えが一貫しているか確かめることを意味します。彼らの答えに矛盾はないでしょうか。もし以前と答えが同じだったら、彼らの話は本当かもしれません。もし答えが違っていたら、対象者は嘘をついている可能性があります。あるいは、彼らの話は本当だけれど、同じことを聞かれて頭が混乱したのかもしれませんし、たまたま質問をよく聞いていなかっただけかもしれません。ですから面接官として、あなたは相手が嘘をついていると頭から決めつけずに、なぜこうした食い違いが生じたのかを突きとめる必要があります。そのためには、嘘を見抜くためのスキルを活用しなければなりません。このスキルについては、のちほど説明する予定です。

質問を繰り返す際には、まったく同じ言い回しを使うこともできますし、違う質問に見えるように言い方を変えることもできます。例えば、「昨日の夜、何時にオフィスを出ましたか?」と相手に聞く場合、数分後に同じ質問を、まったく同じ言い方で聞くこともできれば、言い回しを少々変えて、「昨夜はいつ退社しましたか? だいたい何時ごろ?」と聞くこともできます。私は彼らの返事に耳を傾け、どんな聞き方でも同じ答えが返ってくるかどうか確かめます。

自由回答形式の質問に「操作」を加えることもまた、対象者の発言の信頼度や情報の正確さを確認するのに役立ちます。例えば誰かに「昨日の夜、何時にオフィスを出ましたか？」と質問し、「8時です」という答えが返ってきたとします。あなたは数分後、次のような「操作された」質問――「午後9時に職場を出たとき、誰といっしょにいましたか？」――をすることで、先ほどの答えの信頼度や正確さを確認することができます。操作された質問は、意図的に既知の情報を改ざんすることによって、対象者の信頼度を試します。間違った情報を対象者が訂正した場合、それは彼らの話が本当だという証拠になります。訂正しなかった場合、彼らは嘘をついている可能性があります。しかしここでも、拙速な判断は禁物です。単に質問をよく聞いていなかっただけかもしれませんし、頭が混乱してしまったのかもしれません。

既知の情報に関して「操作された質問」を投げかけることは、嘘を突きとめるための優れたテクニックです。しかし、このテクニックは控えめに使うようにしましょう。あまりにも詳細な情報を追求するのは避けてください。その場合、対象者に不安をいだかせるのと同時に、自分がつかんでいる証拠や、まだ手に入れていない情報に関して、手の内を明かすことになるからです。質問の「繰り返し」や「操作」を多用しすぎると、対象者はあなたの作為に気づき、「どうして同じ質問ばかりするのですか」「なぜちゃんとメモを取らないんですか」と聞いてくるかもしれません。これでは、せっかくの信頼関係が失われてしまう可能性があります。かつて私は尋問中に、まさにこれと同じ体験をしたことがあります。私はある抑留者に「繰り返し」のテクニックを使おうと思い、念のために15分待ってから同じ質問をしてみました。ところが、相手は前に聞いた質問をちゃんと覚えていたらしく、私の問いに答えずに、アラビア語で何か口走ったのです。通訳は抑留者の言葉を次のように訳してくれました。「それはもう聞いたじゃないですか。

ちゃんとメモを取ってないんですか?」。私は、とっさにこう答えていました。「いいえ、ちゃんとメモは取っています。でも、手書きのメモが判読できなくて、もう一度同じことを聞かなければならなかったのです」。その抑留者は、しかめっ面で肩をすくめたあと、再び質問に答えてくれました。幸いなことに、彼の回答には一貫性がありました。

先日私は、州および連邦の法執行機関を対象にした、3日間の戦略的尋問の講習を担当しました。その講習の締めくくりとして、私は「ホットシート・エクササイズ」と呼ばれるプログラムを実施しました（訳注：ホットシートには、電気椅子や苦境などの意味がある）。ルールは以下の通りです。1人の講習生がクラス全員の前で椅子に座り、2通りの話をします。そのうちの1つは真実ではありません（つまり作り話です）。クラスメイトたちは講習で学んだ知識にもとづいて、どちらの話が嘘かを見きわめなければなりません。この日「ホットシート」に腰かけることになったのは、ある連邦保安官でした。彼はクラスに向かって2つの話をしました。1つは本当の話で、もう1つは作り話です。私はどちらが嘘かに関して99パーセントの確信がありました。１００パーセントの確信を得るために、私は彼に「操作された質問」をすることにしました。彼が嘘をついていたのはコロラド州キーストーンでのスキー旅行についてでした。彼はスキーや着ていた服についての詳細を明らかにしなかっただけでなく、中級コースの色分け表示（実際は青色）を赤色だと説明していました。さらに、私が彼に「アスペンにいたとき、何時間くらい滑りましたか?」と聞いたとき、彼は「ほぼ一日中」と答えたのです。このやり取りには注意すべき点が2つあります。第1に、私が意図的に「キーストーン」を「アスペン」に変えたにもかかわらず、彼はそれを訂正しませんでした。第2に、彼の返事は曖昧で自信に欠けていました。彼が「アスペン」という言葉を聞き落とした可能性を考慮して、私は「操作された質問」をもう一度してみました。「アスペンでは何泊しましたか？」彼はこう答えました。「3泊くらいです」。さあ、これで彼が嘘つきだと確定しました！彼はまたもや「アスペン」を訂正しなかっただけでなく、嘘つきの数字である「3」を使ったからです。嘘つきはとっさに数字を思いつかなければならないとき、「3」という数字をよく使う傾向があるのです。エクササイズの最後に、私はふざけ半分でこう聞いてみました。「アスペンという地名を出したとき、なぜ訂正しなかったのですか？」。彼はぽかんとした顔で私を見つめてきました。私はすべてを察しました。講習後の本人の報告によると、彼は嘘をつくことに緊張するあまり、私が「アスペン」と言ったことにまったく気づいていなかったそうです。

フォローアップ

経験の浅い面接官が犯しがちな失敗の一つとして、対象者が提供した情報のフォローアップ不足があげられます。言及されたあらゆる人物や場所、物事に関しては、徹底的に掘り下げ、対象者から最大限の情報を引き出しましょう。

情報を掘り下げるうちに、どこかで行きづまり、フォローアップの質問が思いつかなくなるかもしれません。そんなときに思い出してほしい指針があります。「あらゆる名詞を定義し、あらゆる動詞を描写せよ」です。すべての文には名詞と動詞が存在します。壁に突き当たったら、あなたが耳にした、あらゆる名詞や動詞について質問をしてみましょう。こうすれば情報の見落としはなくなるはずです。

フォローアップの質問をすることによって、さらに追及すべき重要トピックについて考える時間を稼ぐことができます。その過程で、新しい手がかりが見えてくる可能性があります。その手がかりをきっかけに、事件の解決につながる新しい情報を発見できるかもしれません。もしその手がかりが重要で、一刻を争うような状況だった場合、ただちにそれに関する質問を投げかけ、必要な情報を引き出してください。一方、その手がかりがそれほど重要でない場合は、再確認の必要ありとメモに書き留め、あとで時間があるときに聞くようにしましょう。とにかく、対象者の話にしっかりと耳を傾け、決して話を聞き漏らさないでください。さもないと、新たな未知の情報を突きとめる機会を失うことになります。人の注意力は、どうしても散漫になりがちです。その事実を認識し、常に対象者へ注意を引き戻しましょう。

フォローアップの質問を忘れると、以下のようなことが起こります。例えばパートナーに「ゆうべは誰と出かけたの？」と聞き、相手が「クリスだよ」と答えたとします。これでは同行者がクリスだけだったのかどうか、わかりません。事実関係をはっきりさせるために、次のようなフォローアップの質問をしてみましょう。「ほかには誰と出かけたの？」。もしも相手が「ああ、ジムとアンにも会ったよ」と答えてきたら、引きつづき好反応を引き出せるはずです。さらなる情報を得るために、もう一度聞いてみてください。「ほかには誰と出かけたの？」。「クリスティーンやマイクもいたけど、いっしょに出かけたっていうわけじゃないかな」。今のところネガティブな反応は見られないため、ロボットめいた不自然さを承知で、あなたは再び問いかけます。「ほかには誰と出かけたの？」。すると、ようやくネガティブな反応が返ってきます。「ほかに誰とも出かけてないよ」。ここでフォローアップの質問は終了です。

トピックや名詞、動詞について掘り下げる際には、いったんフォローアップの質問を終えたあと、必ず、もう一度原点に立ち返り、情報の見落としがないか確かめてください。不都合なトピックに関する質問を避けたい対象者は、会話を巧みにコントロールし、あなたを袋小路に誘いこもうとします。狡猾な彼らは「偽の手がかり」を作りだし、あなたが本筋とは違う新しいトピックを追究しはじめるように仕向けるのです。隠しごとがある人間は、都合の悪い話からあなたの注意をそらそうとします。あなたは質問者として、対象者が意図的に会話の主導権を握り、本音を隠すための煙幕を張ろうとしているかどうか、見きわめる必要があります。

避けるべき質問

ここで「避けるべき5つの質問」を紹介したいと思います。これらの質問は混乱やフラストレーションを招き、不完全で誤った情報を引き出す原因になります。

避けるべき質問の1つめは、「誘導尋問」です。この種の質問は「望ましい答え」を示唆するような言い回しであり、不完全で説得力のない情報を引き出すことにつながります。誘導尋問は選択回答形式であり、（欲しい答えを暗示することから）「暗示的質問」と呼ばれることもあります。一例をあげましょう。「情報を提供すると、誰かに危害を加えられるのではないかと思っていますか？」。この質問は、対象者が誰かに危害を加えられることを恐れて、情報の提供をためらっていることを示唆しています。また、面接官がそれが事実だと知っていることを暗示しています。対象者が口を閉ざしている理由がわからない場合は、「きっと怖くて話せないのだろう」などと決めつけないでください。対象者があなたに「話す勇気がない」と告げてきた場合も、彼らが何を恐れているかを勝手に推測しないでください。彼らが本当は、単にあなたに真実を語りたくないという理由で口を閉ざしている場合でも、こうした決めつけによって、彼らに「逃げ道」を与えてしまうことになります。なぜなら、彼らはただ「ええ、私が口を閉ざしているのは、誰かに危害を加えられるのが怖いからです」と答えるだけでいいからです。より好ましい質問は「情報を提供することについて、どう思いますか？」や「私と話すことに関して、どんな懸念をいだいていますか？」といったものです。誘導尋問は相手の返答に非常に大きな影響を及ぼします。誘導尋問の使い手は、まるで対象者に同意を強要しているように見えます。誘導尋問は罪を犯した人びとに、みずからの行動の責任を負うことから逃れる絶好のチャンスを与えてしまいます。

法執行機関において誘導尋問は、特定の犯罪をあたかも軽微なものであるかのように思わせ、容疑者や参考人に安心して話してもらうためのテクニックとして、よく使われます。違法薬物の使用・売買に関する誘導尋問の典型例としては、次のようなものがあげられます。「家族を食べさせるためにドラッグを売る必要があったんですね」。しかし、対象者自身が事実を告白してきた場合を除いて、決してこのようなことは言わないでください。こうした決めつけは、彼らに逃げ道を与えるからです。彼らがドラッグを売るのは、それが自分たちの商売であり、単に金が儲かるからだという事実が、このままでは見過ごされてしまいます。

弁護士の中には、誘導尋問を使って証人を罠にかけることを好む者もいます。かつてグアンタナモ米軍基地で、ある抑留者の検察側の証人を務めていたとき、被告側の弁護士が私を罠にかけようとしたことがありました。私は２００７年に行われた戦争犯罪法廷の証人として、検察側から召喚されました。それは私がグアンタナモ収容所を離れてから約４年後のことでした。軍事委員会が設置され、不法な敵性戦闘員による戦争犯罪の告発が行われました。私がかつて取調べを担当した抑留者は、アメリカ兵への殺人罪、殺人未遂罪、共謀罪、スパイ罪で起訴されていました。生涯初の反対尋問のあいだ、裁判官の姿は大きくそびえ立って見えました。証言台に立ったとき、とても緊張したのを覚えています。とはいえ、経験を積んだ尋問官として、私は人を罠にかけるためのあらゆる技術や計略を知りつくしていました。誘導尋問もその一つです。

被告側の弁護士は私にこう尋ねました。「被告の文化的背景については、よくご存じですよね」。もちろん、それについてはよく知っていました。しかし、これが誘導尋問だと気づいた私は、返答をする前に一瞬ためらいました。相手が私の返答につけこんでくるのではないかと思ったのです。そのあと、おそらく大丈夫だろうと判断した私は、「はい」と答えました。そもそも選択回答形式の質問ですから、「はい」か「いいえ」でしか答えようがありません。すると被告側の弁護士はこう聞いてきました。「では、自分が女性であることによって、尋問される中東出身の被告が気まずい思いをしていたことを知らなかったんですか？」。その質問があまりにも馬鹿げていたので、私は思わず吹きだしそうになりました。なにしろ、その抑留者と私は取調べの期間中に、何時間もいっしょに語り合ったり、ゲームを楽しんだり、食事をしたりしてきたのですから。

この2回目の選択形式の質問において、彼は私を罠にはめようとしてきました。「自分が女性であることによって、尋問される中東出身の被告が気まずい思いをしていたことを知らなかったんですか？」。この問いにもし「はい」と答えたら、彼はこう突っこんでくるかもしれません。「じゃあ、あなたは被告の文化的背景について何も知らないんですね。それなのに、訓練を積んだ尋問官だと自称しているんですか？」。一方、もし私が「いいえ」と答えたら、彼はこう言い返してくる可能性があります。「なるほど、じゃあ、あなたは取調べ中に、被告に気まずい思いをさせていたことを知っていたんですね！」。さて、私はいったいどうすればいいのでしょう？

私は裁判官のほうを見上げ、こう言いました。「裁判官、この質問には答えられません。これは誘導尋問であり、被告側の弁護士は、私を罠にかけ、過失を犯したかのような印象を与えようとしています」。しかし裁判官は憤慨して小槌を叩きつけ、法廷にはどよめきが広がりました。彼は私の顔をのぞきこんで、こう言いました。「あなたはその質問に答えなければなりません！　なぜ答えられないのですか？」。

私は落ち着いた声でこう説明しました。「私が質問に答えられないのは、被告側の弁護士が偏見に満ちた情報によって私を陥れようとしているからです。裁判官、私は彼のあらゆる質問に喜んで答えるつもりです。ただしそれらは、自由選択形式の質問に限ります」。裁判官はしばらく私をにらみつけたあと、小槌を再び振り下ろすと、被告側の弁護士を見てこう言いました。「質問を変えてください」。それに対する被告側の弁護士の返答は「質問は以上です」でした。その夜、当日の裁判についての報道の中に、私はある記事を発見しました。そこにはこう書かれていました。「エージェント・イレブン（私のコードネーム）は、被告側の弁護士とメンタル・スパーリングを繰り広げ、勝利した」。みなさんも、誘導尋問は決して行わないよう肝に銘じましょう。

　避けるべき質問の2つめは、「否定疑問文」です。否定疑問文とは、「Didn't」「Couldn't」「Wouldn't」「Shouldn't」「Wasn't」「Weren't」といった短縮形から始まる、「～ではないのですか」という疑問文です。否定疑問文は時間の無駄です。なぜなら、回答の混乱を解消するために別の質問をしなければならないからです。さらに、こうした聞き方はあなたや対象者をイライラさせてしまいます。質問はシンプルな構文で行いましょう。

　避けるべき質問の3つめは、「複合質問」（1つの質問の中で2つの内容を問うもの）です。複合質問は、面接官と対象者の双方に誤解や混乱、フラストレーションをもたらします。例えば、次のような質問を投げかけたとします。「あなたは誰といっしょにいて、どこへ行ったのですか?」もし対象者がどちらか1つの問いだけに答えたら、面接官は彼がもう1つの問いに答えるのを避けていると決めてかかる可能性があります。もしかすると対象者は、2つの問いのうちの一方しか耳に入らなかったのかもしれませんし、単にもう1つの質問に答えるのを忘れただけかもしれません。あるいは彼は、面接官が最初の質問を取りやめ、代わりに2番目の質問に答えてもらいたがっていると判断したのかもしれません。

　複合質問は、おそらく最もありがちな不適切な質問であり、それゆえに最も有害だと言えます。この種の質問を用いると、余計なストレスなしに詳細な情報を手に入れることができなくなります。対象者が複合質問のうちの1つの問いにしか答えなかった場合、もう1つの問いに戻るのを忘れて次の質問に進んでしまうと、あなたは隙を見せたことによって、相手から見くびられてしまう可能性があります。対象者が非協力的で攻撃的な人物で、あらゆる手を使ってあなたを欺こうとしている場合、対話は勝ち負けを争うゲームと化します。あなたの質問をうまく回避できれば、対象者は勝利を得られます。彼らは、自分たちが面接や尋問の主導権を握ったとさえ思うかもしれません。

　尋ねるのを避けるべき質問の4つめは、「強制選択式の質問」です。この質問を投げかけられた人は、選択肢のうちのどれかを選ぶことを強いられます。とはいえ、与えられた選択肢の中に「正解」が含まれているとは限りません。こうした質問は、信頼できる情報をもたらさないだけでなく、問いつめるような印象を与える可能性があります。例えば、「いま決めますか？　それともあとで決めますか？」という問いを投げかけたとします。その場合、たとえ相手に決める意思がなかったとしても、強制的に「いま」か「あとで」のどちらかを選ばせてしまうことになります。あるいは誰かに「バス通勤ですか？　それともマイカー通勤ですか？」と聞いたとします。もし彼が職場まで友だちの車に乗せてもらっていたらどうしますか？　「どんなリーダーが望ましいですか？　人に好かれるリーダーですか？　それとも恐れられるリーダーですか？」。もしどちらでもないとしたら？

　避けるべき質問の5つめは、「漠然とした質問」です。詳細な情報が必要な場合は特に、漠然とした質問を避けるようにしてください。これらの問いは自由回答形式の質問であり、言い回しも適切に見えますが、効果的な質問とは言えません。なぜなら、十分な情報を引き出せないからです。漠然とした質問をしても、漠然とした答えしか返ってきません。漠然とした質問によって具体的な情報を手に入れようとする場合、より多くの補足質問を行って詳細な内容を引き出さなければなりません。その結果、相手をイライラさせたり、余計な時間がかかったりする可能性があります。例えば、相手の生まれた街を知りたい場合、私は「どちらの出身ですか？」のような漠然とした聞き方ではなく、「あなたの生まれた街の名前は何ですか？」と聞くようにしています。たいていのアメリカ人は「どちらの出身ですか？」という質問が何を意味し、質問者がどんな答えを期待しているかを理解しています。しかし、異なる言語を話す人びとに通訳を通して質問する場合、予想外の答えが返ってくることがあります。「どちらの出身ですか？」という言葉は、「どこで育ったのですか？」「どこで生まれたのですか？」「今どこに住んでいるんですか？」など、複数の意味に取れます。人によってこの質問の解釈は変わってくるのです。したがって、知りたいことは、ずばり聞くようにしましょう！　相手が今住んでいる住所が知りたいなら、それをずばり聞いてください。彼らの生まれた街の名前が知りたいのなら、それをずばり聞けばいいのです。

漠然とした質問をすれば、詳細な情報を明かしたくないと思っている対象者に逃げ道を与えてしまいます。非協力的な対象者に「どちらの出身ですか？」と聞いたら、彼は「南のほうです」と答えるかもしれません。それは本当にあなたが知りたい情報でしょうか？

ちなみに、初対面の人から個人的なことをぶしつけに聞かれたとき、私は礼儀正しさを保ちながら、彼らの期待を裏切るような回答をするようにしています。「どんな仕事をしていますか？」と聞かれたら、「人に教える仕事です」と答えます。「何を教えているのですか？」と聞いてきたら、「対人コミュニケーションスキルです」と言います。するとたいてい、彼らは退屈して立ち去ってしまいます。自分自身と、その情報をしっかりと守りましょう。犯罪者に自分の本名を知られるのはごめんです。不満をいだいている従業員に自宅の住所を知られたくはありません。競合他社に企業秘密を知られては困ります。漠然とした問いを投げかけられた場合、礼儀正しさや敬意を保ちつつ、相手の望む情報を譲りわたさないようにすることは十分に可能です。例えば、複数の競合他社とともに展示会に参加したとします。ある人がこう聞いてきました。「今日、この商品に関して、どんな人がリサーチに来ましたか？ 彼らはどんなラインナップを展示していましたか？」。こんな時、口ごもったり、ぎこちなく笑ってごまかしたりする必要はありません。曖昧な返事をしておけばいいのです。「たいしたラインナップじゃありませんでしたよ。そちらはどんな商品を展示しているんですか？」

本音を引き出す質問テクニック

ここで、対象者に真実を打ちあけさせるための5つのテクニックを紹介しましょう。

1 本題と関係のない質問をする

ここでの問いは、自由回答形式の質問ですが、あなたが求めている情報とは無関係であり、重要度の低いものです。本題と関係のない質問は、対象者との信頼関係の構築や強化に大いに役立ちます。主に取り扱う話題は、天気や趣味、好きな食べもの、スポーツ、家族や友だちなどがいいでしょう。こうした質問であれば、対象者はためらわずに答えてくれます。本題と関係のない質問を投げかければ、面接中に生じるストレスをやわらげることができ、同時にあなたがどんな情報を求めているかをカモフラージュすることができます。さらに、これらの質問によって時間を稼ぎ、そのあいだに頭を整理したり、考えをまとめたり、メモを見直したり、次の核心的な質問を考え出したりすることもできます。本題と関係のない質問は対象者にとって予想外なため、彼らの集中力を途切れさせる可能性があります。このことは、対象者があらかじめ用意した嘘を思い出そうとしている場合に、大きな効果を発揮します。

2 間を置く

話しはじめる前に、ひと呼吸置くようにしましょう。こうすれば、対象者はその沈黙に誘われて、おのずと多くを語るようになります。例えば、私は対象者がある質問に答えたあと、すぐに次の質問をしないときがあります。相手と目を合わせたまま、数秒間待つのです。沈黙が気まずくなるほど長い時間ではありませんが、相手がまだ言い足りないかどうか確かめるには十分な長さです。対象者に対し、問いつめるような表情ではなく、興味津々な面持ちで黙って視線を向けていると、彼らは「あなたにはまだ言いたいことがあるでしょう？」と言われたように感じます。人は通常、沈黙に居心地の悪さを感じるため（情報を隠していることに不安や罪悪感を覚えている場合は、なおさらそうです）、たいていは再び口を開き、沈黙を破ろうとします。このテクニックに焦りは禁物です。忍耐強くいきましょう。適度に間を置けば、質問と回答のテンポをうまく調整することができます。

3 矢継ぎ早に質問を浴びせる

単刀直入でシンプルな自由回答形式の質問を立てつづけに投げかけてみましょう。これは私のお気に入りのテクニックの一つです。なぜなら、常に相手の不意を突けるからです。この「マシンガン式」のアプローチを実際に取り入れるためには、質問者としての力量に自信がなければなりません。矢継ぎ早の質問は、適度に間を置いて質問のテンポを調整することの正反対にあたります。まず簡潔明瞭で具体的な、自由回答形式の質問を尋ね、答えを待ちます。答えが返ってきたら、その内容を踏まえて、別の自由回答形式の問いを数秒以内に投げかけます。これを数分間、続けてください。場合によっては、私は対象者の話を途中でさえぎることもあります（通常は避けるべきですが、このテクニックの場合は例外です）。その後、話に割りこんだことに対して謝罪し、その情報はすでに知っていることを告げ、即座に次の質問を投げかけます。矢継ぎ早の質問は、対象者を狼狽《ろうばい》させ、息つく暇も与えてくれません。もし対象者が、前もって準備した嘘を必死に思い出そうとしていた場合、こうした状況はかなり酷でしょう。

　基本的にあなたは、対象者が快適でくつろいだ気分でいるように願っています。そうすれば彼らは自信を持ち、冷静な判断を下せるからです。しかし、これにはマイナスの作用があります。例えば、対象者が嘘をついている場合、あらかじめ用意した嘘を思い出しやすくなってしまいます。リラックス状態のときは、コルチゾール（副腎から分泌されるストレスホルモン）による認知能力の低下が起こらないからです。コルチゾールの存在は必ずしも悪いことではありません。『サイコロジー・トゥデイ』誌によれば、ストレスには「良いストレス」と「悪いストレス」の2種類があるそうです。良いストレスが働いているときは、適量のコルチゾールがあなたの情熱や意志、決断力を強化してくれます。しかし、コルチゾールの分泌量が多すぎると、記憶を符号化し、保存し、呼び出す能力がさまたげられてしまいます。このような状態になると、人は落ち着きがなくなり、うっかりして情報を漏らす可能性があります。また、嘘の細部の整合性を保つ能力も損なわれます。対象者の思考スピードは、前もって用意した嘘を思い出す能力を大きく左右するのです。もし対象者が、あなたの知識の有無や、次に聞かれる質問、あなたの反応、これから何が起こるかをあらかじめ予測することができれば、彼らはよりリラックスした状態になり、嘘をつき通すのが楽になるかもしれません。

私は、相手の不意を突き、次は何が来るのかと身構えさせることによって、多くの人びとの嘘を暴き、真実を引き出してきました。対象者が嘘をついていると感じたら、ときには彼らを面食らわせるようなこともやりましょう。予想外の質問を投げかけたり、矢継ぎ早に質問を浴びせたり、次に紹介する「コロンボ作戦」を使ったりしてみてください。

4 「コロンボ作戦」を使う

グアンタナモ収容所で尋問を行っていたとき、私には通訳がついていました。なぜなら私はアラビア語も、パシュトゥー語も、ウイグル語も、ダリー語も話せなかったからです。尋問後、通訳と私は、看守が抑留者を迎えにくるまで、たいてい数分間待たなければなりませんでした。時間を有効に使いたい性分である私は、待っているあいだもずっと質問を続けていました。メモは取らず、尋問というよりも気楽な会話のような雰囲気でした。私はやがてこの別れぎわの数分のあいだこそ、通常よりもはるかに多くの情報を得られるのだと気づきました。抑留者は「尋問」はすでに終わったと考え、すっかり気を許していたからです。それは私にとって、おなじみの手法となりました。その結果、通訳は私を（ドラマ『刑事コロンボ』の主人公になぞらえて）「コロンボ」というニックネームで呼ぶようになったのです。「コロンボ作戦」では、対象者から見ると何の目的も計画もなさそうな質問が投げかけられます。あるいは、実際には熟知している重要トピックに関して、何も知らないふりをすることもあります。あたかも情報を探る意図はさらさらなく、質問に答えるかどうかは問題ではないように振る舞うのが大切です。この作戦は見事に功を奏しました！　尋問を終え、これで独房に戻れるとホッとしていた抑留者たちは、つい口が軽くなってしまうのです。私はこうした別れぎわの数分間に、最も核心に迫る情報をいくつも手に入れることができました。

この作戦が効果的なのは、それが「過緊張」と「ぼんやりした状態」の合間を狙ったものだからです。あなたは対象者を裁くのではなく、彼らの助けを求め、相手が置かれている状況を理解しようとします。対象者が質問はもうすんだと思っているとき、あなたはふと思いついたように、終わりぎわに問いを投げかけるのです。

コロンボ作戦の使用例をあげましょう。もし対象者が「その晩に何があったのか、よく覚えていません」と言ってきたら、こう返すこともできます。「一つ教えてもらえると助かるんですが――その晩に何があったのか、よく覚えていないそうですね。しかし、その前の晩に何をしたかについては、細部まで見事に思い出すことができていたじゃないですか」。そしてひと呼吸置き、彼らの次の発言を待ちます。ここでは、あえて問いを発しません。その代わりに、インパクトのある発言を投げかけます。私はたいていこんな感じで会話を切りだします。「いまだに信じられないんですけど、携帯電話なしで、よくこんなふうにうまく連携を取ることができましたね」。一見尋問に関係がなさそうで、実は関係がある発言です。このやり方は毎回のように功を奏してきました。

コロンボはまた、まるで今まで何を話していたのか忘れたように、唐突に話題を変えるのが好きです。このとき対象者は、コロンボが勘違いして1つ前の話題に関する質問を聞き忘れたと思うかもしれません。対象者はそんな彼を無能と決めつけ、警戒を緩め、自分たちがでっちあげた話の細部について間違った供述をしてしまう可能性があります。するとコロンボは、ここぞとばかりに詳細な情報をすべて提示し、対象者の供述の矛盾点を突きつけます。そして自分が一貫して集中力を保ち、状況を把握しつづけていたことを証明してみせるのです。いいかげんでつかみどころのないコロンボは、一見すると容疑者に甘い態度を取っているような印象を与えます。しかし面白いのは、彼が恐ろしく頭脳明晰で、常に犯人が誰かを見抜いていることです。

5 時系列表を作成する

時系列表の作成は、対象者の嘘を見抜き、供述のあらゆる細部の弱点を突くのに最適なテクニックです。細部をおろそかにすることは、嘘つきにとって命とりになります。対象者が詳しい情報を明かさなかった場合、それは嘘をついているサインかもしれません。一方、対象者が詳細な情報を示したものの、それらが嘘だった場合、彼らは尋問が進むにつれて自分がでっちあげたストーリーの細部を思い出せなくなっていきます。とりわけ時系列表を利用すれば、彼らの供述の矛盾点が一目瞭然に見て取れます。

人は、自分がついた嘘を逆の順番で思い出せないのを知っていますか？　嘘つきは、嘘を逆さまにつく練習を積んでいるわけではないからです。対象者が語った主な出来事の時系列表を作成すれば、彼らが作り上げたストーリーを逆の順番でたどれるようになります（時系列表の方向は縦でも横でもかまいません）。もし対象者に再び同じストーリーを、今度は「逆さまに」語るように命じたとしても、彼らにはとても無理でしょう。いわゆる「認知的過負荷」の状態に達しているからです。

このテクニックを活用するためには、「人の話を聞くこと」と「メモを取ること」の両方をこなす必要があります。通常、対象者が嘘をついている場合は、必要最低限の情報を語って、あたかも取調べに協力しているようなポーズを取ろうとします。一方こちらは取調官として、詳細な情報を入手する必要があります。こんなときに時系列表を作成すれば、あらゆるストーリーの一部始終を把握しやすくなります。対象者の作り上げたストーリーを時系列順に紙に書き留めれば、一連の出来事を時間軸に沿って眺めることができ、それぞれの「チェックマーク」のあいだの情報の欠落部分が見えてきます。

　ではここで、現実世界の実例を紹介しましょう。題材として取り上げるのは、2000年にトーク番組『ラリー・キング・ライブ』において、司会のキングがラムジー夫妻に対して行ったインタビューです。このインタビューが行われたのは、ラムジー夫妻の娘・ジョンベネが自宅で遺体となって発見されてから4年後のことでした（事件は今も未解決のままです）。このときラリー・キングは時系列表を作成しませんでしたが、今回はぜひ、あなたがそれを作成してみてください。ここでは会話の一部を書き起こしたものを紹介しますが、できれば以下のサイトでインタビューの全編を見ることをお勧めします。（訳注：本書で紹介する動画は英語音声のため、ユーチューブの字幕表示機能や自動翻訳機能などをお使いください）

動画はこちらから

John and Patsy Ramsey (Larry King Live, March 27, 2000)
https://www.youtube.com/watch?v=HhfgP_vkO1c

　以下はインタビュー動画の一部（3：50〜）を私が書き起こしたものです。
（ラリー・キング＝LK、ジョン・ラムジー〔夫〕＝JR、パッツィー・ラムジー〔妻〕＝PR）

LK：「その夜、何が起きたのですか？　いちばん最初の記憶は何ですか、パッツィー？」
PR：「いちばん最初の記憶は……目が覚めて、急いで服を着て、下の階へ降りて、それで、ええと、飛行機に持ちこむバッグの荷造りをして……」
【私の時系列表／チェック1：目覚める、チェック2：服を着る、チェック3：下へ降りて荷造り】
LK：「それは何時ごろのことですか？」
PR：「早朝の、まだ暗いうちです」
LK：［夫のジョン・ラムジーに対して］「あなたは起きていましたか？」
JR&PR：「ええ」
LK：「それから何があったのですか？」
PR：「それから、わ、私は［言葉に詰まる］らせん階段を下りていって［指でらせんを描く］そうしたら……その階段に3枚にわたる脅迫状が置いてあって」
【私の時系列表／チェック4：らせん階段を下りる、チェック5：階段で3枚にわたる脅迫状を見つける】
LK：「誰も家には侵入していないし、ドアも開いていない。そしてあなたは脅迫状を読んだ」
PR：［微笑みながら］「さあ、どうかしら……」
LK：「あなたは何をしたのですか？」
PR：［微笑んだまま］「そうですね、ほとんど読みませんでした。その、すぐに察しがつきましたから……何が起きたのかって……それですぐに階段を駆けのぼって、娘の寝室のドアを開けたら、彼女はもういなかったんです」

【私の時系列表／チェック6：ほとんど脅迫状を読まなかった、チェック7：階段を駆け上がった、チェック8：娘の寝室のドアを開けた＆彼女がいなくなっていた】

このようにして、時系列表を作成していきます。このとき、もし私が彼女の取調べをしていたら、その日の朝の出来事が起きた「正確な時刻」を尋ねていたでしょう。たとえ彼女がおおよその時刻しか答えなかったとしても、それらを利用して矛盾点を突くことが可能だからです。パッツィーの話でもう一つ気になるのが、脅迫状を見つけた時点を境にして、現在時制から過去時制へ切り替わっている点です。これは明らかに嘘の兆候の一つだからです。

いずれにしろ、このような時系列表を使って各チェックマークのあいだに何が起こったのかを聞けば、対象者のストーリーの詳細な部分を引き出すことができます。こうした詳細な情報は、前述の「繰り返し」や「操作」を加えた質問を使って彼らの供述の正確さを確かめる際に、大いに役立ちます。

嘘を見抜く4つの質問

一般に、嘘つきとそうでない人とでは、質問への反応がまったく違います。通常、以下の4つの質問への反応を見れば、彼らが嘘をついているかどうかがわかります。

1 それについてどう感じましたか？

嘘つきは自分のついた嘘に感情を付与することを忘れています。嘘にまつわる物事について感想を聞かれたとき、彼らは一瞬沈黙し、どう答えるべきか考えてしまうのです。彼らはたいてい言葉に詰まったり、口先だけの返事をしたり、疑問文のような「語尾上げ調」で回答したりします。

2 なぜ、あなたの言うことを信じなければならないのですか？

正直な人はたいてい「本当のことを言っているからです」と答えます。一方、嘘つきは「嘘をついていないからです」と答えるのが常です。正直な人は肯定文を使う傾向があります。他方、嘘つきは否定文を使い、身構えた態度を取りがちです。この「肯定文vs否定文」という図式は、１００パーセント正しいわけではありません（そもそも嘘を見破ることに関して、１００パーセントということはありえません）。しかし、その他の「嘘を見抜く質問」と併用すれば、的確な答えを導き出すことが可能です。

3 これをした人物は、どんな目に遭うべきだと思いますか？

疑わしい人間にこの問いを投げかけたとき、もし寛大な態度を示してきたら、彼らはたいてい罪を犯しています。例えば、同僚にこう尋ねたとしましょう。「納期に遅れた件でメアリーを社長に密告したやつは、どんな目に遭うべきかな?」。そして、同僚がこう答えたとします。「そうだな、まさかあれで彼女がクビになるとは思ってなかったんじゃないかな。もしそれがわかってたら、黙ってたかもね」。この同僚には、きっとやましいところがあるはずです。もし彼が正直な人物で、誰がメアリーを裏切ったのかを知らなかったら、普通はこう言うでしょう。「そいつは罰を受け、責任を問われるべきだと思う」。無実の人は、罪を犯した人間に対して、しかるべき罰を受けることを望むものなのです。

トム・ブレイディを覚えていますか？　彼はニューイングランド・ペイトリオッツの元クォーターバッ

クで、「デフレートゲート」疑惑の当事者でした（「デフレートゲート」は、ニクソンを辞任に追いこんだ悪名高き「ウォーターゲート事件」にひっかけた言葉遊びです）。「デフレートゲート」はアメリカの政治とは無関係でしたが、NFLの世界を大いに揺るがしました。2014年、AFCチャンピオンシップの対インディアナポリス・コルツ戦において、ブレイディからの依頼で、ペイトリオッツ側が、規定よりも空気圧の低いボールを使用したという疑惑が浮上したのです（訳注：空気圧を下げるとボールをしっかり持てるので、ミスが減る）。ある記者会見で一人の記者がブレイディにこう尋ねました。「あなた自身や、このチームの伝統にとって、誰かが責任を取ることは重要でしょうか？」。ブレイディの回答はこうでした。「そうですね、それは、ほら、私はそういう種類の、責任を押しつける立場にはないじゃないですか、つまり、ほら、処分を決めたりするのは、それは、私の仕事というわけではないですよね、だから……」。彼は、ボールの空気を抜くように依頼した張本人ではないかもしれません。しかし、彼の回答には「つなぎ言葉」や「前置き言葉」「決めつけ言葉」などの、言語的な「嘘のサイン」が見られます（これらの言葉については、第12章で取り上げる予定です）。

4 あなたは嘘つきですか／私に嘘をついていますか？

これは選択回答形式の質問です。「いいえ」以外の答えが返ってきたら、まずいことになります！　嘘をついている人物は、常にそれを意識しているため、彼らの言動からは「嘘のサイン」が見て取れます。あなたの仕事は、彼らが何について嘘をついたり、裏切ったりしているかを突きとめることです。私は通常、「三振＝即アウト」制に従っています。選択回答形式の質問を3つ投げかけ、相手が自信を持って「いいえ」と言えない場合、彼らは十中八九あなたをだまそうとしているはずです。また、ボディランゲージがちぐはぐな場合、例えば、相手が口では「いいえ」と言っているのに、首を縦に振って「はい」を示しているときは、嘘をついている可能性が高いと考えられます。

以上が、嘘を見抜く4つの質問です。ここでも最後に、質問およびそのテクニックに関して、真摯な姿勢を決して失うべきではないということを強調しておきます。グアンタナモ収容所に初めて派遣され、抑留者の尋問を行う際に、私はストレートな質問を投げかけることをためらっていました。抑留者から高圧的で不愛想だと思われるのがいやだったのです。私は彼らと信頼関係を築いたり、協力を得たりすることばかり気にして、肝心の目標を達成できていませんでした。質問はひどくお粗末で、取調べは常に空回りしていました。私は、必要な機密情報をいっさい獲得できなかったのです。自分が任務をまったく果たせていないと気づいた私は、ようやくギアを切り替える決心をしました。次回の尋問において、私は訓練で教えられた通りに質問を投げかけました。そして、ついに核心に迫る情報を獲得し、尋問官としての任務を果たせたのです。感じのよさや敬意を保ちつつ、単刀直入でストレートな質問をすることは可能です。そうでなければ、この仕事は務まりません。

グアンタナモ収容所に尋問官として赴任してから最初の数週間のあいだに、私は、尋問はアートであり、科学であるということを発見しました。尋問にはプロセスがあり、活用すべきテクニックがあります。しかし、それらを活用する際には、洗練された手腕が必要になります。機転、柔軟性、交渉術、ユーモアなどは、あらゆる優れた面接官にとって不可欠なスキルです。グアンタナモに駐留しているあいだに、私は「相手を責めない戦略的な面接テクニック」を開発しはじめ、今もそれを使っています。私は、対象者と心を通わせる能力に磨きをかけるための戦略を作り上げたいと思っていました。その第1の目的は彼らを会話へ誘うことであり、第2の目的は彼らから本音を引き出すことでした。私の開発したこの面接テクニックは大きな成功を収め、現在では法執行機関の尋問訓練の定番メソッドになっています。

長年にわたって成功を収め、なかなか本音を打ちあけない対象者たちに「口を割らせて」きた経験から、私は自分のメソッドが（公式・非公式にかかわらず）面接を行うあらゆる人びとの助けになることを確信しています。

「たいていの人は、相手を理解しようとして聞いているのではなく、ただ答えるために聞いているのだ」

――スティーブン・コヴィー

エクササイズA

以下の質問を、より効果的な質問に書き換えてください。解答例は巻末の付録Cに記載されています。

1 怒っているんですか？
2 朝はバス通勤ですか、それともマイカー通勤ですか？
3 あなたは早めに着く予定ですか？
4 いいかげんに文句を言うのをやめてもらえませんか？
5 「母親の料理」と「祖母の料理」では、どちらが好きですか？
6 彼らはそれについて腹を立てていましたか？
7 彼女の返事は「いいえ」だったとおっしゃっていませんでしたか？
8 彼女は求職中ですか？

エクササイズB

これは制限時間のある問題です。2分で10の質問を考え出してもらいます。

ステップ1

まず、個人的には知らない人物を思い浮かべてください。有名人でも、政治家でも、職場であまり接点のない人物でもかまいません。目標は彼らについて、より多くの情報を得ることです。このあとのステップ2で、彼らに聞きたい10の質問を考え出してもらいます。

ステップ2

制限時間は2分です。10の自由回答形式の質問を考え出してください。タイマーを2分にセットし、10の質問をできるだけ早く紙に書き出しましょう。用意、スタート！

ステップ3

2分間で、いくつの質問を思いつくことができましたか？　選択回答形式（Yes／No疑問文）の質問を書いてしまった人は、今からそれを自由回答形式の質問に書き換えてください。

なお、このエクササイズを講習中に行った場合、2分間で10の質問を思いつける人はめったにいません。大部分の参加者が考え出せるのは4～6程度です。しかし、講習後にもう一度同じエクササイズを実施すると、なんと、ほとんどの参加者が7～10の質問を思いつけるようになります。ほんの数時間で、彼らの質問力は大幅に改善されたのです。あなたの質問力も同様に向上するはずです。そのためには、ひたすら練習を重ねるしかありません！

練習を続けたい場合は、同じエクササイズをもう一度やってみましょう。より自分を高めたい人は、制限時間1分で10の質問を思いつけるかチャレンジしてみましょう。頭をきたえればきたえるほど、面接中のいざというときに、即座に的確な質問を思いつけるようになります。

このエクササイズは、さまざまな対象者に応用できます。アメフトのクォーターバックや、馬術競技の騎手、射撃の名手、大学教授、経営者といった面々に対して、あなたはどんな10の質問を投げかけますか?

エクササイズC

特定の本の著者に対する、10の具体的な質問を書き出してみてください。同じく制限時間は2分です。その後、付録Cに記載されている私の10の質問と、あなたのものを比べてみてください。

第6章 言うな、聞け

尋問は、自白や罪の告白を引き出すためのものではありません。その目的は、現在・過去・未来の要求を満たす情報を手に入れることにあり、その一方で、現在・過去・未来の出来事への動機や意図を明らかにすることにあります。ここで私は、自白や罪の告白が得られないと言っているわけではありません。私が言いたいのは、尋問は「単なる自白や罪の告白よりも、はるかに多くのものをもたらす」という事実です。しかし殺人の罪を認めた容疑者に、これ以上何を求めるのか？　そう思う人もいるかもしれません。この章を読めば、その答えがわかります。

一部の法執行機関の尋問訓練では「最小化」というテクニックが用いられています。最小化とは、尋問官が犯罪や告発内容をあえて軽視し、実際よりも罪が重くないように見せることです。容疑者に自分の犯した犯罪があたかも軽微であるかのように思わせ、彼らが自白しやすいように仕向けるのが、このテクニックの狙いだとされています。しかし、そんなことをしたいと思う尋問官が本当にいるのでしょうか。

この最小化のおかげで、対象者はすべての真相を明かさずにすんでしまいます。私に言わせれば、最小化は誘導尋問と同じくらい有害無益なテクニックです。その理由を本章で説明したいと思います。また、「言うな、聞け」メソッドと私が呼んでいる、新しいタイプのテクニックも紹介する予定です。この方法を使えば、「最小化された罪」の告白ではなく、偏りのない真実のすべてを引き出せるようになります。

　まずは、最小化の実例をあげましょう。あなたはボーイフレンドを殺害した容疑者を尋問しています。彼女はなかなか口を割りません。あなたは最小化のテクニックを使って彼女を自白させることに決め、彼女にこう告げます。「おそらく正当防衛だったんでしょう」。もし彼女がボーイフレンドを故意に殺害し、嘘をついて罰を逃れようとしているなら、これは絶好の逃げ道となります。実際には嫉妬に狂って彼を殺したことを認めずにすむからです。その結果、彼女は第一級殺人ではなく、故殺罪（過失致死罪）で起訴されるかもしれません。あなたはジョディ・アリアスを覚えていますか？　ボーイフレンドのトラビス・アレクサンダーを殺害した女性です。当初の報道では、彼女は警察に対し、２人の覆面姿の人物が家に押し入り、トラビスを殺害したと証言していました。しかしその嘘が暴かれたとき、彼女は供述を変え、正当防衛で彼を殺したと言いはじめました。結局、彼女はその嘘もつき通せませんでした。実際にはジョディは嫉妬心に駆られて正気を失い、トラビスを故意に殺害していたのです。

　もしもある取調官が最小化のテクニックを使うと決め、ジョディの美貌と純真そうな大きな茶色い瞳にすっかりだまされてしまったとしたら、彼女に正当防衛を主張するように促していたかもしれません。もしもジョディが色じかけによって、あたかも真実を語っているように取調官に思いこませることができていたら、彼女は敏腕の弁護人を割り当てられ、第一級殺人で投獄されることをまぬがれたかもしれません。そしてもしジョディの弁護人や、最終的には裁判官と陪審員が彼女の主張を信じたとしたら、彼女は故殺罪で起訴され、懲役5年の軽い判決を言い渡されていたかもしれません。しかしジョディにとっては不運なことに、彼女の作り話は大量の証拠によって完全に暴かれ、事の真相――冷酷な殺人――が露呈したのでした。こういうわけで、私は最小化のテクニックを決して使わないことにしているのです。また、仮想シナリオを勝手に作り上げ、対象者に「あなたは〜をしましたね」と言うことも決してありません。もし対象者が何をしたのかわからなければ、私は次のように聞きます。「あなたは何をしたのですか？なぜそうしたのですか？」

短時間で自白を引き出さなければならない場合、一部の取調官は「最小化」が唯一の解決策だと感じています。ときには功を奏することもあるとはいえ、私はこうした計略を用いるのを避けています。とりわけ犯罪に関係する人物を尋問する際には、私は彼らに「冷酷無比な真実」を語ってほしいと思っています。自分の行動や判断の責任を取ることからの逃げ道を、彼らに絶対に与えたくないのです。

これでもまだ「最小化」や「誘導尋問」を使いたいという人は、次の事実を知れば思いとどまるかもしれません。これらのテクニックを利用すれば、他人の記憶を改ざんし、偽の記憶を植えつけることさえ可能だということです。

前述のように、人びとが犯した行為を最小化すると、その責任を取ることからの逃げ道を彼らに与えてしまいます。例えば、あなたがある会社の人事部長だったとします。あなたの任務は、外部職員に対して業務研修を行うことです。先日は２人の女性講習生が、この研修に参加しました。その後、彼女たちは講習を担当した男性インストラクターについて、正式に苦情を申し立てました。インストラクターの年齢は65歳で、２人の講習生は20代後半です。彼女たちは、このインストラクターが不適切に体に触れてくることや、スキンシップが多すぎることを訴えてきたのです。あなたは知りあって１年ほどになるこのインストラクターから事情を聞きましたが、人事部長として、彼女たちの申し立てが本当だとはとても思えませんでした。そのインストラクターは確固たる評判を築いており、非常にプロフェッショナルな人物だったからです。あなたは、彼と面接を行う必要がありました（それが会社の規則でした）。面接中にあなたはこう尋ねます。「何があったんですか？　あなたが彼女たちとは違う世代の人間であることはわかっています。昔は女性にハグをしたり、肩に手を回したりするのは普通のことでした。しかし時代は変わりました。今やそれは不適切な行為なのです」

読者の中には、これを気まずい話題に対する効果的な切りだし方だと考える人もいるかもしれません。しかし、おわかりでしょうか？　あなたはたった今、このインストラクターに自分の行為に対する言いわけを与えてしまったのです。もしあなたが、自分で思っているほど彼のことを知らなかったとしたらどうしますか？　もし彼が本当に不適切に若い女性の体に触れていたとしたら？　あなたは真相を知るすべがありません。この2人の女性がさらに一歩進んで訴訟に踏みきったり、別の勇気ある女性が新たに苦情を申し立てたりしない限り、真相はうやむやのままになってしまいます。

ですから、「あなたは○○という理由で△△をしましたね」と相手に直接言うのはやめましょう。必要なのは「あなたは何をしましたか？」「なぜそうしたのですか？」という問いだけです。信頼関係を築いたり、共感を示したり、敬意を保ったりする能力に自信を持ってください。優れた尋問官は、対象者を刺激することなく、ストレートな発言を投げかけられます。相手を問いつめたりせず、常に中立的な姿勢を保っているからです。私が尋問中の抑留者に向かって「あなたがみずからのイデオロギーのためにツインタワーを爆破する必要があったのはわかっています」と言うと思いますか？　ありえません！

「あなたは○○という理由で△△をしましたね」と決めつけるのではなく、代わりに私が推奨する「言うな、聞け」メソッドを活用しましょう。そうすれば、たとえそれが対象者にとってどんなに気まずく、不利なものであっても、真実を導き出すことができます。ではここで、「言うな、聞け」メソッドの実例をあげましょう。例えば、あなたが警官で、強姦罪の容疑者を尋問していたとします。その場合、決して次のように言ってはなりません。「あなたは酔っぱらっていましたね。おそらくその勢いで、無理やり彼女を襲ったのでしょう」。もしこの容疑者が、最初からその女性をレイプするつもりだったとしたらどうしますか？　むしろあなたはこう尋ねるべきです。「あなたはその女性に何をしたのですか？」。あるいは単刀直入にこう言いましょう。「なぜ彼女をレイプしたのですか？」。被害者の体内から容疑者のＤＮＡ型が検出されたという証拠があれば、いきなり核心を突く質問を投げかけてもかまいません。あなたが犯罪を軽視すれば、対象者もそれを軽視します。もしあなたが問題の核心に触れずに口ごもったり、神経過敏な（言語的／非言語的な）兆候を示せば、対象者はあなたがその質問に気まずさを感じていると思い、自分もそれに答えることに気まずさを感じるようになるでしょう。つまり、あなたは自分のボディランゲージやアイコンタクト、声のトーン、言葉づかいを常に意識する必要があるのです。あなたがほんの少しでも不安な素振りを見せれば、対象者から同じ反応を引き出してしまいます。第3章では、ミラーニューロンのおかげで、人は他人の振る舞いを鏡のように映し出し、彼らと同じ感情をいだきはじめるという説明をしました。面接者として、あなたはその場にふさわしい雰囲気を生み出すように努力しなければなりません。気まずい話題について語ることを受容し、奨励することも、そうした努力の一つです。

ずばり「なぜ／いつ彼女をレイプしたのですか？」と聞くことにやはり抵抗を感じる場合は、このように尋ねれば、同じ答えを得ることができます。「あなたは具体的に彼女に何をしたのですか？」。「どのように彼女を扱ったのですか」。こうした言い方ならば、非難めいた調子は消え、対象者は、レイプという行為を客観的に見られるようになります。その結果、彼らは自分の行ったことをよりスムーズに話せるようになるはずです。

取調官はときとして、言葉をやわらげることによって、対象者が事件について語りやすくなるように仕向けています。この事件の場合、言葉をやわらげるとは、次のような表現を使うことを意味します。「彼女を無理やり襲ったときに、あなたの頭をよぎっていたものは何ですか？」。「レイプ」を「無理やり襲う」に言い換えることで、対象者はレイプについて語りやすくなるかもしれません。こうすれば、彼の犯した行為が実際の事件よりも軽微なものに思えるからです。しかし、私は前述のように、必ずしもこうしたテクニックを支持しません。なぜなら、対象者は「無理やり襲う」というあなたの言葉の定義にしがみつき、「レイプ」という行為を率直に認めなくなる可能性があるからです。対象者が年少者や精神疾患のある人の場合は、言葉をやわらげなければならないこともあるでしょう。しかし私の場合、質問をする際はほとんど言葉をやわらげません。私は訴訟当事者に（3年間にわたって出演したＴＶ番組の中で）質問を投げかけてきた経験を通じて、あることに気づきました。「これまでに何回、浮気をしましたか？　浮気というのは、性的関係を持ったという意味です」と、ずばり切りこんだ場合、彼らは私のざっくばらんで率直な態度を大いに歓迎してくれるのです。私はいっさい言葉をやわらげることなく、何の隠し立てもしませんでした。私があけすけに語るのを見て、彼らは自分たちも率直に話していいのだと判断するようでした。私のあけっぴろげな態度は彼らに安心感を与え、彼らはありのままの自分たちが受け入れられていると感じたのです。同時に私は、決して彼らを裁いたり、責めたりしませんでした。セックスの体位や性感染症に関する質問をしなければならないような場面もありましたが、私はそうした話題にも尻ごみせずに対応しました。私が平然としているのを見て、彼らは安心して、立ち入った話を始めたものでした。

しかし心の中では、私はこうつぶやいていました。「我ながら、よくこんなことについて平気でしゃべれるものだわ……」。一方、メディアの司会者は、言葉をやわらげようとしがちです。彼らはストレートな質問を避け、話の核心をぼかすなどの逃げ道をゲストに与えながら、なんとか会話を続けようとします。もちろん、それが彼らの仕事なのはわかっています。司会者は自白を引き出すためにそこにいるわけではありませんから。もしゲストが黙りこんでしまったら、インタビューはたちまち中断し、テレビ局は困ってしまいます。

　さて、取調べ中の容疑者の安心感をさらに高めるために、私はよく彼らに「あなたの罪状やその動機が何であろうと、私は気にしません」と言います。しかし同時に、「私はあなたが何をしたのか、なぜそうしたのかを正確に知る必要があります」と必ず告げています。「あなたに裁きを下すためにここにいるのではない」――私は彼らにそう伝えます。それは裁判官の仕事です。私は事件に関するあらゆる情報を収集し、彼らの誠実さに感謝するためにここにいるのです。私はまた、「そんなつもりはなかったのでしょう」「選択の余地がなかったのですね」といった言葉を避けています。こうした発言は対象者に根拠のない同情を示しているように見えるからです。彼らが社会の道徳や倫理に反する行為を犯している場合は、なおさらそうです。そしてほとんどの場合、容疑者には罪を犯すにあたって選択の余地がありました。嘘をつくことも、真実を隠蔽することも、彼らが選択しているのです。もしあなたが分別のつく年齢なら、通常は、善悪の判断が可能なはずです（パーソナリティ障害がある場合には、そうした理性の働きが損なわれる可能性があります）。

　前述の最小化のテクニックを使う場合、面接者はたいてい、みずからが求めている情報にまつわる仮想のストーリーを作り上げます。例えば、教え子の高校生がまた宿題の期限を守れなかったとします。あなたは相手を責めないような形で、その理由を突きとめる必要があります。最小化のやり方はこうです。「確かにコロナ禍のリモート学習で集中力を保つのは大変だろうね。でも、宿題の期限は守らなければなりません。なぜいつも遅れるのですか?」一方、「言うな、聞け」メソッドの場合、非難がましくない丁寧な言い方で、ただ次のように尋ねます。「なぜ宿題を期限内に提出しなかったのですか?」。仮想ストーリーもなければ、特定の答えを押しつけることも、いっさいありません。

例えば、あなたが販売担当の副社長で、ある顧客から競合他社に乗り換えるかもしれないと言われたとします。最小化のやり方はこうです。「聞いてください。パンデミックで先行き不透明な中、弊社のサービスを利用しつづける余裕があるかどうか疑わしくなっているのは理解しています。しかし、言っておきますが、競合他社のどれも、弊社のような専門性の高いサービスを提供することは不可能です。また、契約をいったん破棄し、その後再開しようとした場合は、これまでの価格上昇のために、同じサービスを利用するのに2倍の料金がかかります。あなたが弊社を利用しはじめたときの契約プランは非常に安価でしたが、そのような契約プランは、もう存在しません」。これらは、悩める契約者に対する、ごく普通のセールストークのように見えます。しかし、ここには2つの問題点があります。第1に、あなたは相手が他社へ乗り換えたがっている理由を勝手に決めつけています。そして第2に、あなたの言っていることは妥当かもしれませんが、これでは顧客は、みずからの意志で決断したという実感が持てなくなってしまいます。

あなたはたった今、顧客の気持ちを勝手に決めつけ、彼に代わって決断を下そうとしたのです。顧客は、あなたからのプレッシャーを感じ、追いつめられた気分になったかもしれません。追いつめられ、おびえた動物はどうなるでしょうか? 彼らは恐怖に駆られ、攻撃を仕掛けてきます。同じように顧客は恐怖に駆られ、あなたの会社との契約を打ち切ってしまうかもしれません。そうすれば、もうあなたから脅されずにすむからです（相手は、あなたの言葉をそのように受け取った可能性があります）。この例の場合、より適切なアプローチとしては、次のような言い方ができるでしょう。「なるほど、まずはあなたの懸念について正直に話していただき、ありがとうございます。最後の決断を下す前に、ぜひわれわれに協力させてください。あなたの懸念に必ず応える自信があります。そうすれば、契約を続ける決心がつくと思います」。プレッシャーや脅しはいりません。最終的な決断は相手にかかっていることや、相手が必ず正しい選択をすると信じていることを伝えましょう。こうすれば、顧客はもはや、自分が無力な存在だとは思わなくなるはずです。また、顧客がなぜその懸念を感じているかを、こちらから言うのはやめてください。必ず本人の口から言わせ、その上で問題を解決しましょう！

ここで、本章の冒頭で取り上げた問いを、もう一度思い出してみましょう。「殺人の罪を認めた容疑者に、これ以上何を求めるのか？」。彼らの口から聞きたいことは山ほどあります。「なぜ、どのようにしてこの人物を殺害したのか？」「この事件について知っている人間はほかにいるか？」「共犯者はいるか？」「誰が現場にいたのか？」「復讐にやってくる人間はいるか？」「この事件を受けて、どんな一連の出来事が起きる可能性があるか？」。こうした情報は、未来の犯罪を分析するのに役立ちます。

私は本章に対して特別な思い入れがあります。なぜなら、知りもしないのに相手のしたことやその理由を決めつける尋問官ほど、私をいらだたせるものはないからです。私はぜひあなたに、この「言うな、聞け」メソッドを試してもらいたいと思っています。必ず優れた成果をあげ、本音を引き出せるはずです（２００２年から使いつづけてきたこのテクニックを、私はそれほどまでに信頼しています）。

私たちが求めているものは、単なる「罪の告白」ではありません。私たちはその告白にまつわる情報や、人びとが告白した犯罪の「全容解明」を求めているのです。それを決して忘れないでください。

「賢者は、話すべきことがあるから口を開く。愚者は、話さずにはいられないから口を開く」

――プラトン

（エクササイズ）

以下に3つのシナリオがあります。これらを読み、文中に出てくる「出来事を『最小化』する発言」を「『言うな、聞け』メソッドを使った発言や質問」に置き換えてください。各シナリオのどこに「最小化」が使われているかは、読めばすぐにわかるはずです。解答例は巻末の付録Cに記載されています。

シナリオ1：同僚の対立

あなたはあるスタートアップ企業の新COO（最高執行責任者）です。これは新たな役職であり、CEO（最高経営責任者）を務める女性は、あなたの仕事について、まだすべての関係者には知らせていません。ＣＯＯであるあなたにとって、人事部長は部下に当たります。しかし彼はまだそのことを知りません。入社して1週目に、あなたは人事部長に対し、話しあいの場を設けてほしいと頼みます。会社の目標やビジョンだけでなく、彼の役割や責任についても話しあいたいと思ったからです。しかし、彼は見るからにストレスを抱えた様子で、そんな時間はないと言いはります。ところで、この人事部長はたまたまＣＥＯとは旧知の間柄でした。何年も前に別の会社で彼女の部下として働いていたのです。やがてあなたは、人事部長が陰でＣＥＯに不満を訴えていたことを知ります。自分は仕事を山ほど抱えているのに、あなたがプレッシャーをかけてくる、というのが彼の主張でした。その後、ＣＥＯがあなたのところへやってきて、なぜ人事部長にプレッシャーをかけるのかと聞いてきました。あなたは、少し前に人事部長に話しあいの場を設けるように頼んだことを説明しました。彼の役割や責任についてもっとよく知れば、効率よく共同作業ができると考えたからです。ＣＥＯはあなたに、人事部長とうまく付きあう方法を考え出すように言いました。彼が怒って会社を辞めてしまったら困るからです。そこであなたは、彼に以下のようなメールを書くことにしました。

「おはようございます、ロドニー。新ＣＯＯとして、あなたといっしょに会社の成功という目標に向かって邁進できることをとても嬉しく思います。あなたが多忙を極めていることは承知しています。なにしろ私たちは会社設立の初期段階にあるわけですから。しかし、上級管理職として、私は今週、あなたと15分間の話しあいの場を設けなければなりません。私はあなたに自分の職務内容について手短に説明してもらい、その役割や取り組みについて、もっと知りたいと思っています。あなたがストレスを抱えていることはわかっています。だからこそＣＥＯに向かって、私に対する不満を訴えたのでしょう。私はあなたにストレスを与えるためにここに来たのではありません。逆に、ストレスを軽減するためにここに来たのです。本日の終業時間までに、いつ会えるか知らせてください。真心をこめて、アリシア」

あなたの課題は、このメールを「言うな、聞け」メソッド式に書き換えることです。

シナリオ2：口を閉ざす目撃者

あなたは刑事で、近隣で発生した器物損壊の目撃者に対する取調べを行っています。あなたはこう言います。「いいですか、あなたが口を閉ざしているのは、犯人たちに身元を知られるのを恐れているからですよね。しかし、もし何を目撃したのか話してくれなければ、彼らはこのまま近隣で破壊行為を繰り返し、さらには人を傷つけるでしょう。あなたは、そうなってほしいんですか？」

あなたの課題は、この発言を「言うな、聞け」メソッド式に書き換えることです。

シナリオ3：依存症の患者

（※ことわっておきますが、私は医師ではありませんし、医師を代弁する立場にもありません。以下は単に「言うな、聞け」メソッドの使用法の一例にすぎないことを、ご理解ください）

あなたは医療従事者で、患者の一人がパーコセット（オピオイド系鎮痛剤）の依存症になりつつあることを懸念しています。あなたは彼の手術後にこの鎮痛剤を処方しました。彼は現在、眠気や、ろれつの回らない会話、人格の変化といった症状を示しています。そして、術後これだけの時間が経過しているにもかかわらず、いまだに痛みを訴えています。この患者が再び鎮痛剤の処方を求めてきました。あなたは次のような言い方で、懸念に対応しようとします。「手術からこれだけ時間が経っているのに、まだ痛みがあるなんておかしいですね。患者の中には、痛みがぶり返すことを恐れて薬の服用を止めるのを怖がる人もいます。しかし、心配はいりませんよ。私が保証します。まずは１週間パーコセットの服用を中止して、様子をみてはどうでしょうか」

あなたの課題は、この発言を「言うな、聞け」メソッド式に書き換えることです。

第7章

それとなく情報を誘いだす、ストレートな要求は禁止

この本は尋問や交渉のテクニックについて書かれています。したがって、あなたはなぜ本章のタイトルが「それとなく情報を誘いだす、ストレートな要求は禁止」なのか、けげんに思っているかもしれません。ときとして、尋問の準備にどれほどの労力を費やしても、相手が決して打ちとけてくれないことがあります。あるトピックについては進んで答えても、別のトピックについては話そうとしない場合もあります。もともと他人を信用しない性格なために、固く口を閉ざしている場合もあります。内向的で人見知りな人物もいるでしょう。中には、基本的に誠実で協力的だけれど、あなたが求めている情報に関しては、とたんに口が重くなってしまう人もいます。幸いなことに、「誘いだし」というテクニックを使えば、これらのケースを解決できる可能性があります。

「誘いだし」のテクニックは世界中の諜報機関で利用されています。「Human Intelligence Collector Operations Field Manual（人的情報収集活動フィールドマニュアル）」による定義はこうです。「誘いだ

し（Elicitation）とは、会話の具体的な目的に気づいていない人的情報源との直接的な交流を通じて情報を獲得することである。また、誘いだしは従来の尋問方法が奏功しない場合に使われる高度な技術である」。それは、ターゲットとされる個人から具体的な情報をこっそりと計画的に獲得するテクニックであり、対面で行われることもあれば、電話やオンラインで行われることもあります。誘いだしのテクニックでは、質問ではなく、「相手の興味をそそるような発言」を用いて情報を獲得します。これが入念な計画にもとづいて巧妙に実行された場合、ターゲットは何の屈託もなく、あなたに情報を明かしてくれるでしょう。こうした説明を聞いて、誘いだしに少々、陰謀めいたイメージをいだく人もいるでしょう。しかし、私を信頼してこのテクニックの解説に耳を傾けてもらえれば、それが決して、こそこそした卑劣なものではないということがわかってもらえるはずです。誘いだしとは、隠された意図を持つ、入念にコントロールされた会話なのです。

直接的な質問は、ときに押しつけがましい印象を与えかねず、それ自体が相手を身構えさせる恐れがあります。質問の数が多すぎれば、対象者はまるで詰問されているかのような気分になるかもしれません。質問はまた、あなたがどんな種類の情報を集めようとしているかを浮き彫りにしてしまいます。誘いだしのテクニックの場合、会話という形で情報を得ることができます。そのため、それらの会話を通じて信頼関係を築いたり、対象者をリラックスさせたり、信頼を勝ち取ることが可能になり、どんな情報を求めているかを悟られる心配もなくなります。

誘いだしは、簡単には公表されない情報や、デリケートすぎて直接聞きにくい情報を得ることのできる、非常に重要なテクニックだと考えてください。誘いだしを使えば、なごやかな会話を通じながら、対象者と情報を共有できるのです。

私は情報官として駆け出しのころに、誘いだしの訓練を受けています。グアンタナモ収容所で尋問官を務めていたときにも、このテクニックを利用しました。私はさまざまなアプローチ法や尋問術の訓練を積んだ上で機密情報を収集してきましたが、誘いだしのテクニックを使うことで、より多くの情報を得ることができました。なぜなら、それは「相手を責めない」「信頼関係にもとづいた」テクニックだからです。誘いだしがこれほど功を奏したのは、抑留者がそれを尋問ではなく、単なる会話と思いこみ、気を緩めたからでした。

私自身が尋問官として積んできた訓練と、元上司であるジョン・ノーラン（『Confidential: Business Secrets — Getting Theirs, Keeping Yours（マル秘：企業秘密——他社の秘密を知り、自社の秘密を守る）』の著者）の研究にもとづき、私は長年にわたり、犯罪捜査と企業活動の双方の分野で、誘いだしのテクニックを利用し、伝授し、磨き上げてきました。「ヘルプ・ミー」メソッドと称する、新たな誘いだしのテクニックまで作りだしました。あらゆる誘いだしのテクニックは「相手の興味をそそるような発言」という形を取っています。誘いだしの狙いは、相手をハッとさせ、あなたの発言に反応したくなるように仕向けることにあります。誘いだしを使えば、デリケートな内容のデータでさえ、おのずと手に入るようになります。このやり方なら、はたからは情報を収集しているようには見えないでしょう。

私のクライアントは、セールス部門、マーケティング、財務、法執行といった数多くの業界に及んでいます。民間企業では、誘いだしのテクニックは、リーダーが十分な情報にもとづいて決断を下せるようにするためのビジネスツールとして使われています。例えば、マーケティング担当者は将来の市場予測に関する情報を獲得する必要があり、医療従事者は何が患者を苦しめているかを突きとめる必要があります。企業の幹部は、競合他社についての情報を入手する必要があります。一方、法執行機関の職員は、誘いだしのテクニックを通じて、聞きこみ捜査の際に近隣の住民から情報収集したり、容疑者から自白をうまく引き出したりしています。

この誘いだしのテクニックを仕事や私生活に取り入れる方法はたくさんあります。交渉で相手より優位に立ちたいですか？　相手が嘘をついていたり、核心に迫る情報を伏せていたりするかどうか知りたいですか？　リラックスした環境を作り上げ、口の重い相手から情報を引き出したいですか？　誘いだしのテクニックを使えば、それらをすべてかなえることができます。

直接的な質問は、相手を身構えさせ、固定観念にとらわれた会話を生み出しかねません。しかし、誘いだしのテクニックを織り交ぜれば、対象者の興味を常に引きつけ、新たな可能性を探ることができます。対象者との面接を希望しているとき、彼らは5分しか時間がないと言い出すかもしれません。面接が気まずいものになると思っているからです。しかし、もしあなたが相手との信頼関係を築き、カジュアルで気取らない会話を演出できれば、彼らがより多くの時間を割いてくれる可能性が高くなるでしょう。

人は、自分の気持ちや知っていることを怖くて打ちあけられないときがあります。患者は、医療従事者と健康上の問題を話しあうのを気恥ずかしく思うかもしれません。目撃者は、報復を恐れて加害者を指摘できない可能性があります。そんなとき、こちらから質問をしないようにすれば、彼らがセンシティブな情報を打ちあけやすいような、リラックスした環境を作りだすことができます。

なぜ、誘いだしのテクニックはうまくいくのか？

誘いだしのテクニックは人間の本質や心理を巧みに利用しています。多くの人は礼儀正しく、誠実で、信頼できる人間でありたいと願っています。したがって、礼儀正しく、誠実で、信頼できると感じる人物の前では、心を開いて本音で話す傾向があります。

人はまた、気ままにしゃべったり、人に物を教えたり、他人の間違いを正したり、知識をひけらかしたりするのが好きです。いったん自分について語るように仕向けると、話が止まらなくなってしまうこともよくあります。

さらに、たいていの人はフラストレーションを発散させるのが大好きです。他人が同調してくれたときには、あたかも自分の気持ちが正当化されたような気分になります。周囲に同じように不満をぶちまけている人がいると、私たちはより多くの情報を漏らしがちになります。人は、自分と共通点のある人物に対して即座に信頼感を覚えるからです。

私たちは、感情的になると情報に関する警戒心が薄れ、その価値を軽視する傾向があります。うっかりデリケートな情報を打ちあけてしまいかねないのです。「ここだけの話だけど……」と言って特ダネ情報を明かそうとする人を、あなたもきっと見たことがあるでしょう。

最後に、大半の人は、自分自身やその知識、行動が高く評価されていることを実感したがっています。人間には承認欲求があり、他人が自分を認めてくれたときには、積極的に対応しがちです。誰かにほめられると、人は話をさらに膨らませ、演説会さながらにしゃべりつづけることさえあります。自分が重要人物であるかのような気分を味わえるからです。

では、誘いだしがなぜ効果的なのかわかったところで、次は誘いだしの名手が持つ特徴について説明しましょう。

誘いだしの名手とはどんな人物か？

情報を誘いだすことは誰にでも可能です。しかし、以下のような個性や資質の持ち主は、より誘いだしに向いていると言えます。

- 誘いだしのテクニックを使いながら会話を続ける能力に、自信がある（とりわけ、あまりよく知らない人物や、自分よりも地位の高い人物との会話において）
- 辛抱強い（話を急がせると対象者に違和感や不安をいだかせてしまうため）
- 聞き上手である（いま話している相手に常に注意を向ける必要があるため）
- 確かな会話術と好奇心の持ち主である（情報を誘いだしたい人物に対して興味を示すことができるため。外向的でなくてもいいが、興味深い人柄で、どこかカリスマ性があり、さまざまな話題に精通していなければならない）
- 記憶力がいい（くだけた会話では当然ながらメモは取れないが、その一方で、自分が収集した情報の詳細をあとで思い出す必要があるため）

公共・民間部門における誘いだしのテクニック

公共部門では、政府機関や軍隊、警察などが、きたるべき攻撃や非合法活動、テロ組織、マネーロンダリング、不正な資金調達、人身売買、麻薬密売などに関する情報を収集する手段として、誘いだしのテクニックを利用しています。その結果、在外公館への脅威に関する予測情報を集めたり、コミュニティの雰囲気を調べてその地域の治安を見きわめたり、適切な人材を採用して国の監視を行わせたりすることが可能になっています。

民間部門では、さまざまな企業が誘いだしのテクニックを活用し、競合他社についての情報のほか、技術革新、市場予測、株主価値、顧客のニーズに関する情報を調査しています。誘いだしのテクニックは、取引先との関係を改善したり、新たな提携を結んだり、人材を獲得したり、マーケットの成長を見きわめたり、全般的なビジネス感覚を磨いたりすることを促し、競争力の強化をもたらしてくれます。

あなたがどんな業界の人間であれ、誘いだしのテクニックを使えば、会話を自由にコントロールでき、欲しいものを手に入れられるのです。

8つの誘いだしの手法

誘いだしのテクニックを伝授する場合、私は通常、15の手法を教えることにしています（それらはみな、相手の興味をそそるような発言という形を取っています）。ここでは私が「イージーエイト」と呼んでいる8つの簡単な手法を紹介したいと思います。これらを使えば、こちらから質問しなくても、おのずと情報が手に入るようになります。それぞれの手法は単独で使うこともできますが、あなたが誘いだしを利用すればするほど、おのずと、さまざまな手法を組み合わせて使うようになっていくはずです。

1 無知《ナイーブ》を装う

無知《ナイーブ》なふりをすれば、博識な人物は、あなたに物を教えたくて仕方がなくなります。このテクニックでは、自分のエゴを一時的に抑えこまなければなりません。自分を愚か者に見せる必要があるからです。とはいえ、場合によっては、本当にその情報を知らなかったり、経験不足だったりして、無知なふりをしなくてもいいこともあります（そのほうが好都合です）。

仮に対象者が、みずからをその道の専門家だと自負していて、自分の仕事について話すのが大好きだったとします。その場合、このテクニックは絶妙な効果を発揮します。何も知らないあなたに物を教えることは、彼らを最高の気分にしてくれるからです。しかし対象者の中には、このテクニックにネガティブな反応を示す人もいます。彼らは、志を同じくする人びと、すなわち、自分と同じくらい知性があり、博識で、洗練された人びとに囲まれているほうが好きなのです。

＊使用例：「そんなの不可能ですよ」「嘘みたいな話ですね」「そんなことがありえるんですか」

2 相手をほめる

相手をほめれば、信頼関係を強化し、ポジティブな感情を呼び起こし、彼らの心を開くことができます。人は自分自身を立派だと思いたいものであり、ほめられた相手は、ついつい口が滑らかになります。しかし、注意点が1つあります。お世辞は、ほんの少しで十分です。相手をほめまくるのはやめましょう。空々しく、慇懃無礼な印象を与える可能性があります。相手のどこをほめるのかについても注意が必要です。外見や身なりをほめるのは避けましょう。容姿をほめることは、相手に不愉快な印象を与え、強い違和感をいだかせる可能性があるからです。最も安全で効果的なのは、相手のモラルや倫理観、勇気、教養、勤勉さ、根気強さ、資格、事業、研究、家庭生活、育児法などをほめることです。同時に、お世辞が功を奏する対象者もいれば、そうでない対象者もいるということを忘れないでください。

＊使用例：「すばらしい取り組みですね」「勇気がなければできないことですよ」「あなたには粘り強さがありますね」

3 興味を示す

対象者やその発言に興味を示せば、彼らをいい気分にさせて、重要な情報を引き出しやすくなります。心からの興味でも演技でも、どちらでもかまいません。ただ、興味があるふりをするときは、必ず真実味を持たせるようにしてください。さもないと、逆に信用を失い、信頼関係を損ねてしまいます。お世辞と同様に、今回の興味も、少し示すだけで十分です。簡潔な発言にとどめ、信頼性を維持するようにしましょう。この手法は、共通の関心を発見することにもつながります。対象者との共通点が見つかれば、あなたへの信頼度はますます高まるはずです。対象者が話せば話すほど、共通点が見つかる可能性は高くなります。その結果、本物の共通の基盤が見つかれば、さらに発言に説得力が出てくるようになります。

＊使用例：「もっと詳しく教えてもらえませんか」「それは非常に興味深いですね」「あなたの考えをぜひ聞きたいです」

4 ギブ・アンド・テイク

これはラテン語で言うところの「クイド・プロ・クオ」です。つまり、「情報を与える代わりに、情報をもらう」ということです。ギブ・アンド・テイクの最も日常的で単純な例は、初対面の相手と名前を教えあうことでしょう。「自分が欲しい情報」と、相手に与えうる「類似情報」について考えてみてください。例えば、対象者の好きなスポーツや趣味を知りたい場合、「私はスキーが好きなんです」と切りだし、相手から「ああ、私はテニスが好きなんですよ」といった言葉を引き出すのは簡単でしょう。とはいえ、ギブ・アンド・テイクがこれほど簡単にいかないときもあります。その場合、多少の創意工夫が必要かもしれません。話題をスムーズに切り替えるためには、「ギブ・アンド・テイク発言」の前置きとなるストーリーを作り上げておく必要があります。例えば、誰かの趣味を知りたいときは、いきなり自分の趣味を打ちあけるのではなく、次のような話をしてみましょう。「ようやく夏になって本当に嬉しいです。早く海に出たくてうずうずしますよ。僕はマリンスポーツ、特にセーリングが大好きなんです」。こうすれば、会話の中で「ギブ・アンド・テイク発言」が浮いてしまうのを防ぐことができます。

このギブ・アンド・テイクを取り入れると、相手がマウントを取ろうとしてくるケースがあります。そんなときは、彼らの好きにさせておきましょう！　一部の人が抱えている「マウントを取りたい、上位に立ちたいという本能」を、むしろ利用すればいいのです。例えばこんなふうに切りだすといいでしょう。「私が失敗したときのことをお話ししましょう……」「若いころはけっこう悪いこともしましたよ。あるとき……」「人間ですから、私だって過ちを犯すこともあります。聞いて驚かないでくださいよ……」

あるトピックについての踏みこんだ話をするだけの知識や経験が不足している場合は、自分自身ではなく、ほかの誰かの持つ情報と引き換えに、相手から情報を引き出すという手もあります。例えば、「国防総省で働くためには、極秘情報の取扱資格が必要だそうですね」ではなく、「国防総省で働きたいなら極秘情報の取扱資格が必要だと、ある友人が言っていました」と切りだすのです。こうした発言は「無知を装う」手法へと移行させることも可能です。しかし、前述のように、対象者が無知な人間よりも「内情に通じた」人間に対して、より好意的な反応を示す場合は、他人の持つ有用な情報と引き換えに、相手から情報を引き出したほうがいいでしょう。例えば、あなたは対象者がX国の政情安定に関する情報にアクセスできるかどうかを確かめたいと思っています。しかし、あなた自身はX国の政情安定に関する知識をまったく持ち合わせていません。その場合、X国でジャーナリストとして活動し、内部事情に精通している同僚についての情報を提供するという手があります。こうすれば、あなたも少しだけ情報をつかんでいるような印象を与えることができます。誰しも、そのトピックについての情報がゼロだと相手に悟られるのは避けたいものです。もし対象者に「ほかにどんな情報を知っているのか？」と聞かれたら、こう答えれば、詳細な情報をでっちあげる必要はなくなります。「彼女は詳細を語ろうとはしませんでした——。私が知っている情報はそれだけです」

5 内情に通じているふりをする

内部の事情に詳しいふりをすれば、対象者はデリケートな情報を打ちあけやすくなります。この手法が功を奏した場合、対象者はこう思うようになるでしょう。「相手はとっくにお見通しなんだから、今さら打ちあけたってかまわないだろう」。内情に通じた人物を装えば、相手と共通の基盤を築くことができ、信頼感を高められます。このとき、あなたは内部のみで通じる隠語を使ったり、専門的な情報を実際に共有したりして、実情に詳しいことを証明する必要があります。このテクニックを使う際には、事前にある程度の下調べをしておかなければならないかもしれません。こうした予備知識は、出版物や報道、ソーシャルメディア、その業界の人脈を通じて手に入れることが可能です。

＊使用例：「私の友人はテレビ局でプロデューサーをしていますが、彼女によれば、この業界はまさに食

うか食われるかの世界らしいですね」「スペースX社のファルコン9のような再利用可能ロケットを設計することは、誰にもできないでしょう（ここでは、ファルコン9というロケット名を使うことで、実情に通じていることをアピールしています）」

6 批判する

対象者が帰属するものや、関心をいだいているものを批判してみましょう。そうすれば、彼らは自己弁護せずにはいられなくなります。ときには抗弁しようとして感情的になり、うっかりデリケートな情報を漏らしてしまうこともあります。ただし、批判を加える際には、個人攻撃は避けてください。対象者の気分を害し、身構えさせてしまうからです。批判の対象とすべきは、組織や集団、ルール、マスコミが報じた内容、他の人びとであって、対象者本人ではありません。こうした批判は、何かをからかいのネタにしたのをきっかけに、さりげなく始まることもあります。しかし、批判という手法は慎重に行われるべきです。場合によってはこの手法が裏目に出て、信頼関係を失う可能性もあるからです。

例えば、あなたが航空隊の司令官に誘いだしのテクニックを使うとします。あなたは、なぜ今年はF16戦闘機の墜落事故が多いのかを突きとめたいと思っています。その場合、こう言うことができます。「あなたの航空隊のパイロットは、同機種の適切な操縦訓練を受けているとは思えません」。この場合の批判の対象は、パイロットでも、司令官本人でもなく、操縦訓練です。しかし、それでも司令官は、むきになってこう言い返すかもしれません。「うちのパイロットたちの腕は一級品です！　問題は、これらの戦闘機が製造過程で開発部門の十分なサポートを得られないために、電力供給システムに不具合が生じ、それが故障の原因になっていることなのです」。したがって、次のような発言のほうが、より望ましいかもしれません。「あなたの航空隊のパイロットが、あんな出来そこないの戦闘機を操縦しなければならないのは気の毒です。ろくに空も飛べないそうじゃないですか！」。この挑発的な批判の対象は戦闘機であるため、司令官がそれを自分たちへの攻撃と受け取る心配はありません。

7 疑念を示す

このテクニックでは、文字通り、何かに対して疑念を示す必要があります。これは、私たちが会話の中で無意識にやりがちな行為であり、さほど努力を要するものではありません。疑念を示せば、会話を有利に進めることができます。なぜなら対象者は、自分の発言や知識の正しさを正当化したいという気持ちに駆られるからです。疑念は演技でもかまいません。その場合は、本心からそう感じているように見せましょう。また、自分が疑念を示している発言の妥当性については考慮してください。普通に一般常識と見なされていることに対して疑念を示せば、信頼を失ってしまいます。無知を装う手法と同様に、疑念を示した場合も、対象者はやっきになってあなたを啓蒙しようとします。ですから、自尊心の高い人物には、うってつけのテクニックです。

＊使用例：「彼がそんなことしたとは思えませんね」「自分の目で見なければ信じられません」「そんなに早くこの商品を企画・制作できるはずがないでしょう。もし本当にできたのなら、感心しますけどね（ほめ言葉と組み合わせる）」「理屈の上ではよさそうだけど、実際にはうまくいきませんよ」「そんな技術が存在するわけないじゃないですか」「そんなに遠くから彼を撃ち殺せるはずがありませんよ」

8 誤った情報を提供する

偽の情報を提供すれば、対象者は思わずそれを訂正し、あなたを教育しようとします。その際に、彼らは新たな情報を提供してくれます。真実味のある偽情報を作り上げ、もっともらしく提供しましょう。注意したいのは、内向的な人物の場合、発言を聞いてから反応するまでに時間がかかるという点です。焦らずに返答を待つようにしましょう。また、デリケートな情報を扱っている場合は、対象者は情報の訂正をためらう可能性があります。自分の知っている情報を明かすべきか決心がつかないからです。その場合も対象者の感情を刺激すれば、彼らは分別を失い、情報を漏らすかもしれません。

プリンストン大学神経科学研究所の教授ジョナサン・コーエンは、意思決定に関するある研究を行いました。彼は機能的ＭＲＩ（ｆＭＲＩ）を活用し、多くの人が、理性ではなく感情にもとづいて意思決定を行っていることを証明しました。したがって、対象者が少々感情的になっているときは、警戒心が緩んでいる可能性があるわけです。とはいえ、他人の感情を刺激することは益にも害にもなりうるため、重々注意して行う必要があります。

＊使用例：「どこかで読んだんですけど○○らしいですね」「それは私が聞いたのとは違います。私は○○だと聞きました」「私たちは○○を突きとめました」（○○の部分に偽の情報を挿入してください）

会話をコントロールする

こうした誘いだしのテクニックを利用する場合には、会話のトーンやテンポ、長さ、話題を設定するだけでなく、話の流れをうまく誘導しなければなりません。２つの手法、「ブリッジング（橋渡し）」と「トランジショニング（移行）」を使えば、会話を思い通りに誘導できるようになります。

まったく新しい話題をいきなり導入するよりも、ブリッジングによって今の話題から次の話題へと橋渡しするほうが、会話の流れがスムーズになります。面接官が突然話題を変えると、対象者の警戒心を刺激してしまいます。それを避けるためには、「いま話している話題」と「別のまったく違う話題」を滑らかに橋渡しする必要があります。例えば、あなたが採用候補者と面接をしていて、犯罪歴があるかどうかを知る必要があったとします。彼女は、好きなテレビ番組は『私立探偵マグナム』だと言っています。あなたは『私立探偵マグナム』の話から、犯罪歴についての話へスムーズに橋渡ししなければなりません。例えば、探偵トーマス・マグナムが常に容疑者の口を割らせていることや、あらいざらい打ちあけた容疑者が常にすっきりした表情をしていることを話題にするのもいいでしょう。そこから、「この仕事がいかに誠実さを必要とするか」という話へスムーズに橋渡しできるからです。

対象者が口を閉ざしはじめたために、以前に一度取り上げたもののあまり深堀りしなかった話題に、もう一度戻らなければならない場合もあります。もしかすると対象者は、その話題について話したくなくて、わざと話題を変えさせたのかもしれません。トランジショニングによって以前のトピックに移行したい場合は、次のように言うといいでしょう。「あなたが前に言ったことが、ずっと私の頭に引っかかっています」「今の言葉を聞いて、以前にあなたが言っていたことを思い出しました」

一方、対象者が自分にとって気楽に話せる話題からいつまでも離れようとしないため、無理やり会話を前に進めなければならないときもあります。ここでトランジショニングを使って新しい話題に移行したいときは、次のように言うといいでしょう。「ああ、それで思い出したんですが、聞き忘れていたことがありました」

トピック間でトランジショニングを行う練習として、こんなエクササイズを試してみてみましょう。関連のない2つのトピックをランダムに選び出し、6段階のステップでそれらの隔たりを埋めるのです。

例えば、「雪」と「ベルリンのショッピングモールで起きたテロ攻撃」を6段階のステップで結びつけると、こうなります。「雪」「冬」「クリスマス」「ヨーロッパでスキー」「不安定なヨーロッパ」「ベルリンでのテロ攻撃」。

もう1つ例をあげましょう。「氷」と「放火犯」を6段階のステップで結びつけると以下のようになります。「氷」「ダイヤモンドの隠語」「アフリカのブラッドダイヤモンド」「紛争」「誘拐」「放火犯」。

このエクササイズを行えば、思考スピードが上がり、尋問官としての能力に、さらに磨きをかけることができます。

（エクササイズ）

誘いだしとは、質問ではなく、相手の興味をそそる発言によって情報を引き出すことです。以下の11の発言を、誘いだしのテクニックを用いた発言に書き換えてください。

1 どちらの出身ですか？
2 どこで働いていますか？
3 10代の若者の自撮りブームについてどう思いますか？
4 何かスポーツをやっていますか？
5 趣味は何ですか？
6 お気に入りの曲は何ですか？
7 どんな方法を使えば住宅の短期転売でそんなに高い利益を得られるのですか？
8 なぜあなたは何でも論破したがるのですか？
9 真実を打ちあけるチャンスがあったのに、なぜそうしてくれなかったのですか？
10 あなたのニックネームは何ですか？
11 過去2か月の間にテスラ車の衝突事故が4件起きています。いったい何が問題なのですか？

第8章

対立を乗り越える

人生で避けられないものが2つある。「死」と「税金」だ――あなたはきっとこの言葉を耳にしたことがあるでしょう。実は3つめがあります――それは「対立」です。職場であれ、家庭であれ、いざこざは常に起きています。なぜなら人はみな、考え方も性格も違えば、他人との付き合い方も違うからです。変化への対応の仕方やコミュニケーションの方法も人それぞれです。多様性がなければ世界は成り立たないとはいえ、人びとの相違点は余計な摩擦を引き起こしかねません。私たちはそうした衝突を避けられるときもあれば、うまく対応しなければならないときもあります。

対立を処理する際には、何よりもまず、感情の起伏を抑えることに尽力してください。これは口で言うほど簡単なことではありません。ですが、平常心を保つことができれば、相手を責めない、敬意に満ちた、共感的な会話のアプローチを維持できます。これは私たち全員が体現すべき、人生に不可欠なコミュニケーションスキルです。しかし感情は、これらのスキルを乗っ取ろうとしてきます。私たちは理性を発揮してみずからの反応をコントロールし、落ち着いた感情表現を心がける必要があります。私が「感情をコントロールする」と言わなかったことに注目してください。それは人間には不可能です。しかし、感情に対する反応をコントロールし、その表現方法を調節することは可能です。

恐怖や怒りといった緊迫した感情が生じると、大脳辺縁系は「闘争・逃走反応」を引き起こします。確かに生命を脅かされるような状態にある場合は、この反応が功を奏するかもしれません。しかし、面接や交渉、大切なパートナーとの話しあいの場では、そうはいかないでしょう。「闘争・逃走反応」が起こると、私たちの脳は、どうすれば身を守れるかを真っ先に考えるようになります。安全や生命維持を最優先し、呼吸や覚醒レベル、身体機能の維持などに意識を集中しはじめるのです。その結果、感情への考慮はあと回しになります。

圧倒的な感情に襲われると、理性脳よりも感情脳のほうが優位に立つ可能性があります。重大な脅威やストレスにさらされた場合、大脳辺縁系の一部である扁桃体《へんとうたい》（主に不安や恐怖などの感情を処理する神経細胞の集まり）が活性化し、前頭葉（思考や判断をつかさどる部位）の働きを抑えこんでしまうことがあるのです。扁桃体の暴走を止められなくなったらどうなるでしょうか？　あとになって後悔するような言動を衝動的にしてしまうかもしれません。ここで、大脳辺縁系について考察し、体内のストレス反応システムが理性的な判断力にどのような影響を与えているかを確認していきましょう。

恐怖を感じたとき（ケンカ腰の会話の際にもそれは起こりえます）、私たちの体内では即座にストレス反応システムが作動します。National Institute for the Clinical Application for Behavioral Medicine（国立行動医学臨床応用研究所）によれば、ストレスにさらされると、扁桃体が不安を感知し、視床下部にSOSを送ります。自律神経や内分泌の中枢である視床下部は、下垂体を刺激してストレスホルモンの分泌を促す働きを持っています。いったん視床下部が活性化されると、体内のストレス反応システムは本格的に始動します。視床下部は下垂体に働きかけて副腎皮質刺激ホルモンを分泌させます。副腎皮質はこのホルモンに促され、コルチゾールを血液中に分泌します。一方、副腎髄質からはアドレナリンやノルエピネフリンなどのホルモンが分泌されます。これらのストレスホルモンは、筋肉や心臓、脳などに優先的に血液を送りこみ、「闘争・逃走」への臨戦態勢を取らせます。また、気管支を拡張させ、より多くの酸素を取り入れられるようにします。酸素の供給量が増えれば、集中力も高まります。「集中力が高まるのなら、むしろ好都合じゃないの?」。そう思った人もいるかもしれません。しかしここで問題なのは、「闘争・逃走反応」が起こると、理性脳（前頭葉）が感情脳（大脳辺縁系）に乗っ取られる可能性があることです。その場合、さまざまな認知能力が損なわれるのと同時に、「客観的に話を聞く」「理路整然と話す」「分別を働かせる」「賢明な選択をする」「感情を交えずに対応する」「人を責めないようにする」「相手を傷つけないように話す」といったタスクを処理する「理性脳」の能力が失われてしまうのです。

　感情にうまく対処するためには、冷静になる必要があります。とはいえ、それを実行するのは口で言うほど簡単ではありません。人はみな、偏見や思いこみ、期待値などのために、特定の状況や人びとに対して決まりきった反応をするようにできています。残念ながら、中には、ストレスにさらされたときに体内に放出される化学物質の依存症になっている人もいます。彼らは怒りを覚えるような状況を無意識のうちに追い求め、その感覚を味わおうとするのです。いずれにせよ、非生産的な、決まりきった感情的反応から脱却するためには、脳内の化学反応を変化させなければなりません。そんなことが可能なのでしょうか?　答えはイエスです。とはいえ、新たな神経経路を作りだすためには、あなた自身の努力が必要になります。

さて、基本的な体内のストレス反応システムを理解できたところで、次は脳の化学反応を変化させるために取るべき4つの行動について紹介したいと思います。これらを実践すれば、相手との衝突を鎮めようとする前に、まずは自分自身をかえりみることができるでしょう。

1 ひと呼吸置いてから反応する

何かを耳にしたとたん、即座に反応するのではなく、少し間を置いてから、次の発言や行動、思考を開始するようにしましょう。まず理性を保つことができて初めて、状況や会話を客観的に分析できるようになります。こうした間がなければ、私たちは理性を失い、他人について勝手な憶測を立て、彼らの言動の理由をでっちあげてしまうかもしれません。誰でも一度や二度は、こうした経験があるでしょう。人間なのですから当たり前です。

人は周囲の状況から勝手な憶測を立てたがります。例えば、あなたの夫がいつもの帰宅時間から1時間過ぎても、まだ帰ってこなかったとします。彼からは何の連絡もありません。用意した夕飯は冷めかけています。子どもたちは腹ペコです。さあどうしますか？　あなたは夫に電話をかけ、携帯電話にメッセージを送信しまくります。「大丈夫？」「どこにいるの？」「ごはん冷めちゃうよ」。それでも返事がなかったらどうしますか？　あなたは心配になったり、あるいは腹を立てたりするはずです。多くの人は、なぜ夫の帰りが遅いのかについて、さまざまな仮説を立てようとします。ときには、相手を信じるのではなく、かわいそうな被害者を演じることもあります。とにかく人は勝手な憶測によって、すぐさま空白を埋めようとします。私たちの脳は常に情報の欠落を埋めたがっているからです。脳は「知らないこと」が大嫌いなのです。

さて、ようやく夫が帰宅したとき、あなたはどうやって対応しますか？　「よかったわ。心配だったのよ」と温かく出迎えますか？　それとも、「せめて連絡ぐらいしてよ。不安になったじゃないの」と少々冷たくあしらいますか？　もし少々冷たい態度を取ったとしても、あなたは決して悪くありません。あなたの理性脳は感情脳に乗っ取られ、冷静に考えることができなくなっているからです。こうしたときは、ひと呼吸置きましょう。できるだけ感情を排除し、相手側の言い分に耳を傾けてください。相手の発言や行動の理由がわからないときは、「なぜ1時間も遅くなったの？」といったふうに、本人にストレートに聞きましょう。一方、相手の行動やその理由、今の心境を勝手に決めつけ、本人にそれをぶつけてしまったら、彼らはむきになって仕返しをしてくるかもしれません。根拠のない思いこみは慎みましょう。もしかすると夫は、交通事故の現場に居合わせ、人命救助をしていたのかもしれないのです。

2 感情を交えずに客観的に耳を傾ける

「聞くこと」と「何を言うべきか考えること」を両立させるのは困難です。多くの場合、どちらか一方がおろそかになってしまいます。相手の言葉を聞き、正確な情報を保持するためには、「内なる声」を黙らせなければなりません。人間は注意力散漫になりがちな生き物です。それは避けられない事実ですが、こうした弱点は意識的にコントロールできます。聞くことへの意識が散漫になってきたら、相手の発言に注意を戻しましょう。集中力を切らさないための効果的な方法は、頭の中で相手の言葉を復唱することです。注意が戻ってきたら、復唱を止めてもかまいません。その後、再び集中力が途切れそうになったら、もう一度「おうむ返し」を開始し、注意を戻しましょう。誰かと話していて、相手が話を聞いていないことに気づいたときほど、イライラするものはありません。面接や交渉においては、なおさらです。

3 自分の非を認める

自分の言動によって相手を怒らせたり、気分を害してしまったりしたときは、進んで責任を取るべきです。もしも相手から、あなたの声のトーンや提示した条件が気に入らないと言われたとしても、率直な意見を聞かせてくれた彼らを責めてはいけません。むしろありがたく思うべきです！　おかげで、声のトーンや条件を変えるべきだとわかったのですから。相手のフィードバックを素直に受け止めましょう。彼らはあなたのコミュニケーション能力を高める手助けをしてくれたのです！

4 自分がコントロールできることに集中する（コントロールできないことはあきらめる！）

ときとして、人は知らず知らずのうちに、自分の手には負えないものをコントロールしようとします。あなたは他人をコントロールできるでしょうか？　答えはノーです。したがって無駄な努力はやめましょう。あなたは他人の信念を変えさせられるでしょうか？　やはりノーです。人生にはコントロールできるものと、できないものがあります。自分が影響を及ぼせるものだけに時間を費やしましょう。

例えば、コロナ禍や大統領選挙、移民政策などが話題を集めた２０２０年は、アメリカ合衆国にとって試練の1年でした。この1年のあいだに、多くのアメリカ人が憤りを感じ、寛容さを失ったように見えました。私は自分の支持政党を家族以外には明かしていません。政治に関して大きな怒りを抱えている人物に対して、火に油を注いでしまうのを恐れているからです。彼らが腹を立てているのは私のせいでしょうか？　答えはノーです。しかし、トラブルは避けるに越したことはありません。他人の政治的思想を変えることは不可能です。では、自分の政治的姿勢について馬鹿にされたり、罵詈雑言を浴びせられたりするのを防ぐために、私には何ができるのでしょうか？　答えは簡単です。限られた人以外には政治的立場を打ちあけなければいいのです。

交渉ごとにおいては、相手の感情について思い悩むよりも、自分自身の感情的な反応に意識を集中するようにしてください。相手のエゴを気にするよりも、自分自身のエゴを手放せるかどうかに目を向けましょう。自分が影響を及ぼせるものだけに集中すればするほど、あなたの影響力は大きくなります。自分がコントロールできることとできないことの一覧表を作りましょう。コントロールできないことはあきらめ、コントロールできることだけに集中してください。対立はコントロールできます。いさかいが起きたときは、相手の反応に目を向けるよりも、自分自身の反応に意識を集中してください。相手の感情について思いわずらうのではなく、自分自身の感情の起伏を抑えるようにしましょう。ここでも、自分が影響を及ぼせるものだけに集中すればするほど、あなたの影響力は大きくなるのです。

会話中に起こりがちな4つのトラブル

これから次の4つのシナリオについて、それぞれ解決策を提示していきたいと思います。これらの知識は「心の知能指数」や「会話の知能指数」を高めるのに役立つでしょう。

1　もしも対象者が会話を拒絶したら？

対象者が貝のように口を閉ざしてしまったらどうしますか？　彼らは黙ったまま、机の上や自分の手をじっと見つめています。私の定番の解決法は、見て見ぬふりをせずに、問題にずばりと切りこむことです。非難がましくない口調で、彼らの沈黙に言及しましょう。必要な措置を講じ、先へ進んでください。例えば、前章の「誘いだし」のテクニックで紹介した「無知を装う」手法を使って、こんなふうに話を切りだしてもいいでしょう。「私は読心術者ではありませんからね。話してもらえなければ、あなたの考えを知りようがないんです」。あるいは「ヘルプ・ミー」メソッドを使って、こうも言えます。「あなたの考えをわかりやすく説明してもらえると助かります。できるだけ中立的な立場で耳を傾けるつもりです」。対象者は必ず、何らかの理由があって口を閉ざしているはずです。したがって、彼らがますますかたくなになるような発言をしないように注意しましょう。

私はグアンタナモ収容所で尋問官をしていたときに、何度もこうした場面に遭遇しました。当時（9・11同時多発テロの影響が強かったころ）は、「われわれ対やつら」というメンタリティを持った、非協力的な抑留者が大勢いました。通訳を通して「黙秘します。知りたいことがあれば調書を見てください」ともよく言われました。彼らの口を開かせることは明らかに困難であり、私は巧妙な作戦を練らなければなりませんでした。やがて私は、いわゆる尋問的な手法を取りやめ、会話的なアプローチを採用するとうまくいくことに気づきました。こうした、私自身の意識改革も必要でした。「私対彼ら（me against them）」から「私と彼ら（me and them）」へと発想を転換しなければならなかったのです。このパラダイムシフトのおかげで、私はよりリラックスした気分になり、「なんとしても口を割らせよう」という、自分自身のかたくなな姿勢をやわらげることができました。

もし面接や交渉、会話において相手が口を閉ざしてしまったら、信頼関係の構築に再び取り組んでください。それでも黙ったままなら、彼らがコミュニケーションを取るのをやめた、という事実について意見を述べてみましょう。それでもうまくいかなければ、本題とは関係のない、自由回答形式の質問を投げかけ、どんな話題であれ彼らの口を開かせるように仕向けましょう。あるいは、質問をするのはいっさいやめて、「誘いだし」のテクニックを採用してみます。例えばこう言ってみてください。「何か気分を害するようなことを言ってしまったのかもしれません。しかし、そんなつもりはなかったのです」。その後、「何か私にできることはありますか？」といった、自由回答形式の質問でフォローアップを行いましょう。忘れないでほしいのは、話題は何であれ、まずは相手の口を開かせることを最優先すべきだという点です。その後、あなたが追究したい話題へ相手を誘導していきましょう。相手の愚痴を聞かされたり、好きなテレビ番組についての話に長々と付き合わされたりするかもしれませんが、とりあえずコミュニケーションさえ取れれば、いずれ質問にも答えてもらえるようになります。相手や自分自身に対して、辛抱強さを発揮しましょう。

2 もしも自分自身が感情的になってしまったら？

もしも、あなた自身が感情的になってしまった場合は、自分の感情を容認し、そうした感情をいだいた理由を受け入れましょう。その上で、衝動的に行動するのではなく、理性的な対応をするようにしてください。相手の感情にも配慮しましょう。両者の感情はどちらも正当なものです。相手からの批判に対してむきになったり、自己弁護したりしないでください。むしろ、あえて冷静に情報を提供したり、質問をしたりしましょう。例えば、このように言うといいでしょう。「私は、あなたの考え方を完全に理解できているか確かめたいと思っています。しかし同時に、私自身の考え方を、あなたに伝えたいのです」。自分が感情を抑えきれなくなっていると感じたときは、マインドフルネスの呼吸法などを試し、落ち着きを取り戻しましょう。

3 もしも対象者が感情的になってしまったら？

　あなたは面接官として、感情の起伏を抑えることがどれほど重要かを理解しています。そして常に自分の言動に細心の注意を払っています。とはいえ、あなたが出会う人びとの中には、怒りに身をまかせ、感情的で理不尽な振る舞いをする者もいるでしょう。故ジョージ・トンプソン博士は、みずからが提唱する「Verbal Judo（言葉の柔道）」という技法を用いて、数多くのプロフェッショナルを訓練してきました。彼はこう語っています。「怒りにとらわれた場合、人は衝動的に行動し、出来事にコントロールされてしまう。冷静な場合、人は理性的に対応し、自分自身をコントロールできる」。あなた自身が常に落ち着いていれば、面接の雰囲気は穏やかになり、しだいに対象者の気分を落ち着かせることができます。決して対象者の怒りや感情に流されてはいけません。自分のエゴを手なずけ、平静さを失わないようにしましょう。とはいえ、対象者の中には、あなたの穏やかな振る舞いに、あえて波長を合わせてこない者もいます。その場合は、別のアプローチを試す必要があるかもしれません。例えば、次のように呼びかけることで、対象者がネガティブな感情を克服できるように手助けしましょう。

「しっかり耳を傾けますから、何でも話してください」

「あなたには、あらゆる感情をいだく権利があります。あなたのその感情も正当なものです」

「今の気持ちを具体的に話してもらえませんか」

　怒りにとらわれた人に説得を試みるのはやめましょう。彼らはすっかり感情的になっていて、理性的に耳を傾けようとはしないからです。まずは彼らの気持ちを落ち着かせてから、話を聞いてもらえるように仕向けましょう。

4 もしも険悪な雰囲気になってしまったら？

第1に、あらゆる無礼な発言やエスカレートした感情を冷静に認識しましょう。私たちはお互いに血の通った人間であり、お互いに過ちを犯したり、感情的になったり、怒りにとらわれたり、理性を失ったりすることを素直に認める必要があります。第2に、会話を正しい方向へ軌道修正しましょう。いさかいが起きる前のトピックに話を戻してください。例えばこんなふうに言うといいでしょう。「私たちはお互いに敬意をもって話しあうことができていませんね。いったん○○に話を戻してもいいですか？　もう一度この話題について、以前のようにお互いを尊重しながら話しあいましょう」。両者がポジティブで中立的な感情をいだいていたころのトピックに話を戻せば、わざわざネガティブな感情を持ちこむのは不自然になるため、険悪な雰囲気はたいていすぐに消え去ってしまいます。こんなふうに言うのもいいでしょう。「敬意のこもった会話を取り戻すための解決策を、いっしょに探しましょう。何か提案はありますか？」。あるいは、マイナスの発言（相手への非難など）をプラスの発言に言い換えることで進展を図りましょう。例えば、相手が「この話を持ちだしたのはあなただから、言い争いの責任はあなたにあります」と言ってきたら、こう返すことができます。「確かに、私の言い方が悪かったのかもしれません。それでもやはり、このことについて、2人で話しあいたいと思っています。今後どのように進めるべきかについて、あなたの考えをぜひ聞かせてもらいたいです」

ここからは、私自身がかつて冷静さを失いかけ、仕事上の人間関係を損なう一歩手前までいったエピソードを紹介したいと思います。数年前、私は政府機関と新たな提携を結び、それまでいっしょに仕事をしたことのないインストラクターたちのチームに加わりました。私はチームの進行役を任され、そのために、いくつかの講習を見学しなければなりませんでした。ある講習の見学中に、担当インストラクターが私に意見を求めてきました。そこで私はディスカッションの際に、正直に自分の意見を伝えました。講習後、この男性インストラクターは私を脇へ連れ出し、私が発言した内容について厳しく非難しました。私は絶句しました。どうやら私たちには、考え方の相違があるようでした。かつての、まだ「心の知能指数」の低かったころの私なら、彼に向かって怒りをぶちまけ、必死に自己弁護をしていたでしょう。しかし、当時の私は、それほど愚かではありませんでした。そうした振る舞いが不毛であると、過去の経験から学んでいたからです。

　私は感情を交えずに、客観的に彼の話に耳を傾けるほうを選びました。私は自分にこう言い聞かせていました。「このインストラクターは、あなたを傷つけようと思っているわけじゃない。彼の持論は本人にとって大きな意味を持っていて、それで、あなたの言ったことを個人攻撃ととらえただけなの。あなたに落ち度はないし、彼にはこうした感情を持つ権利がある。むきになって反発するのではなく、彼が感情をうまく処理できるように促しましょう」。こうして私は冷静さを保ち、みずからのエゴを抑え、ひと通り話を聞き終わったあと、ただこう言いました。「なるほど。ご意見をどうもありがとうございます」

　彼は、私が自己弁護しなかったことに衝撃を受けた様子でした。そして、その瞬間を境にして、彼の態度は一変しました。彼はみずからの見解をもう少し述べたあと、それについて理解を深めるための参考文献を提供してくれたのです。その日、もしも私が感情を爆発させていたら、大切な人間関係を失っていたかもしれません。しかし、私は冷静さを失いませんでした。このあと、私はこのインストラクターと親友になり、今でも付きあいが続いています。

本章のテクニックを実践すれば、次にいざこざが起きたときにも、険悪なムードをうまくやわらげ、衝突を避けられるようになるでしょう。これらのメソッドは、互いを尊重し合える関係を築くための手助けになるはずです。

「コミュニケーションにおける唯一最大の問題は、それが成立したという錯覚である」
――ジョージ・バーナード・ショー

エクササイズ

以下のシナリオでは、あるコミュニケーション上のトラブルが発生しています。あなたなら対象者に対してどんな言葉を投げかけ、トラブルの解決を図りますか？
それらの発言は、対象者の心を開くようなものでなければなりません。言葉づかいや相手に与える印象に気を配りましょう！　問いつめるような、批判的な口調は避けてください。解答例は巻末の付録Cに記載されています。

コミュニケーション上のトラブルを含むシナリオ

　プロジェクト責任者のボブが、チーム・リーダーであるあなたのところへやってきて、ある相談を持ちかけました。ボブは、チーム・メンバーのマットがこう話しているのを立ち聞きしたのだそうです。

「コロナにはもう、うんざりだよ！　ルールがコロコロ変わるし、どうすればいいのか誰もわかってないじゃないか。ワクチンを打てばマスクしなくていいからとかいって無理やり打たされたのに、今度は接種ずみでもマスクしろとか言ってくるんだぜ。アホらしくてやってられないよ！」

　ボブはマットに対して適切なアドバイスを与えようとしましたが、マットはまったく聞く耳を持たなかったようです。いよいよ心配になってきたボブは、あなたにマットと話をしてほしいと頼んできました。あなたならどんな言葉を投げかけることによって、マットの怒りを鎮め、彼の共感を得ようとしますか？

第9章

共感的な交渉スキル

私たちの中には交渉ごとを恐れる人もいます。新しい車を買ったり、家を売ったりするときはなおさらです。一方、交渉ごとが大好きな人もいます。両親に言わせれば、私は「生まれながらの交渉人」です。私は交渉によって、（母がペット禁止ルールを設けていたにもかかわらず）猫を飼うのを許してもらったり、門限を延ばしてもらったり、高校時代にロンドンへの研修旅行に行かせてもらったりしました。両親が家を改築したときには、自分だけの寝室を求める交渉もしました。

私はこうして、的確で気のきいた言葉を口にすれば、欲しいものは簡単に手に入るということに気づきました。とはいえ、ただ即興で物を言えばいいというわけではありません。実際に言葉を口にする前に、頭の中で対話のリハーサルをする必要がありました。相手からの抵抗を予想し、どうやってそれをかわすべきか、策を練るのです。私はまた、相手が交渉に応じる「理由」についても考えを巡らせました。「両親はどんな理由から私の門限を延長するか？」「彼らにとってどんなメリットがあるか？」といったことです。私は決して強引に意見を押し通そうとはしませんでした。そうした態度を取ると、逆に、相手はむきになって反発したり、交渉を渋ったりすると知っていたからです。

歳月を経て、9・11同時多発テロ後のグアンタナモ収容所の尋問官として、自分がどれほど多くの「交渉」を行うことになるか、私はまだ理解していませんでした。尋問について、そんなふうに考えたことはなかったからです。巧妙なアプローチ戦略や質問術を使うとは思っていましたが、ここまで交渉戦術に頼ることになるとは思っていなかったのです。私があらゆる尋問で掲げている3段階の目標は、第1に、心が通いあう関係（信頼関係）の構築、第2に信用の獲得、第3に正確な情報の収集です。しかし、真実を引き出すには交渉が必要でした。抑留者はただでは情報を与えてくれず、私はその見返りとして何かを与えなければならなかったのです。第4章で述べたように、その「何か」は彼らの原動力、モチベーション、欲求に直結しています。私は抑留者が求めているものと引き換えに真実を手に入れることを目指していました。したがって、彼らのニーズを知らなければ、不利な状況に追いこまれてしまいます。私はそれらを推測するのではなく、ストレートに聞く必要がありました（「言うな、聞け」が鉄則です！）。そもそも、海外に駐留する米軍への次のテロ攻撃がいつになるかを突きとめようとしているのですから、ぐずぐずしている暇はありません。もしも、抑留者が真実を打ちあけない理由を私が勝手に決めつけてしまえば、いらだちばかりがつのり、信頼関係を築く機会が台無しになる可能性があります。例えば、私が「この抑留者は嘘をつく罪悪感から解放されたがっている」と思いこんでいるのに、彼の本当の願いは「グアンタナモ収容所での殉死」だったとしたら、交渉は平行線をたどる一方でしょう。

ではここで、面接や交渉の計画を練る際の4つのステップを紹介しましょう。私はこれらのステップのおかげで、事前に考えをまとめたり、勝手な思いこみを防いだりすることができています。

1 ターゲットとなる人物のプロファイリングを行う

対象者の性格タイプや個人的な原動力、モチベーション、欲求、好き嫌いを突きとめる。

2 アプローチの計画を練る

開口一番に何を言うか？　どんな態度でのぞむべきか？　どうやって信頼関係を築くのか？　どうやって彼らの心を開き、本音を引き出すか？

3 対話の計画を練る

私の望みは何か？　彼らの望みは何か？　彼らはどんな理由から私の望みをかなえてくれるのか？　こんなことが起きたらどうするか？　あんなことを彼らが言ったらどうするか？　どう対応すべきか？

4 対話を実行する

3つのC――「calm（冷静さ）」「confident（自信）」「charismatic（カリスマ性）」を持つように心がける。外向的な人間でなくても、カリスマ性は身につく。カリスマとは人を魅了する力である。誰でも、自分なりの魅力を発揮し、相手の注意を引きつけることは可能である。

こうした事前の計画は対象者の信頼を獲得するのに役立っています。対象者が心を開き、本音で話してくれなければ、交渉を成功させることはできません。あなたにも同じことが言えます。どんなに抵抗があったとしても、相手に対して心を開き、本音で話す必要があります。では、信頼性を高めるにはどうすればいいでしょうか？　そのためには、過ちを認めることを恐れないでください。自分の言動が思いも寄らないマイナスな結果を生んだときには、素直に非を認め、責任を取りましょう。自分の立場を堅持しつつ、フェアな姿勢を貫いてください。また、交渉にのぞむ際には不当な要求は避けましょう。一方、自分の求めていることや、当然の権利と思われることについては、単刀直入に切りこむべきです。常にチームワークを意識しましょう。あなたが参加しているのは戦いではなく、交渉です。相手と力を合わせ、双方にとってプラスになる状況を勝ち取ってください。相手の言葉に客観的に耳を傾けましょう。話を聞いてほしければ、まず自分が相手の話に耳を傾けるべきだということを忘れないでください。

（信頼に関するエクササイズ）

- □次の職業の信頼度を10段階で評価してください（1＝信頼度ゼロ、10＝最高レベルの信頼度）。医師、弁護士、警官、消防士、販売員、教師。次に、そのように評価した理由を書いてください。
- □人生において信頼している人びとを思い浮かべ、なぜ彼らを信頼しているのか自問してください。そして彼らが信頼に値する理由を5つ書き出してください。あなた自身はそうした資質を体現しているでしょうか？　次に、他人があなたを信頼する理由を5つ書き出してください。

相手のスタンスを知る

交渉の際には相手のスタンスを知る必要があります。彼らは何を望み、どんな動機に突き動かされているのでしょうか。販売員があなたに商品（例えばソファ）を売ろうとするとき、彼らは単なる家具を売っているわけではありません。彼らが売ろうとしているのは「あなたの感情に訴える何か」です。それは「家族そろってスーパーボウルのテレビ中継を観戦すること」かもしれませんし、「くつろぎの読書スペース」かもしれません。販売員は相手の感情を刺激する必要があります。人は理性ではなく、感情にもとづいて判断を下しがちだからです。そのソファでお気に入りの映画を見ている自分自身の姿を思い描いたとき、私の心はポジティブな感情で満たされ、体内には快楽ホルモンであるドーパミンが放出されます。私はその気持ちよさに引かれてソファを買うのです。

私は先日、新しい車を購入しました（なんとタイムリーなことでしょう！）。まず、私は夫と交渉しなければなりませんでした。私が欲しがっているランドローバー・ディフェンダーを彼はあまり気に入っていなかったからです。しかし、いったん試乗すると、夫はあっさり私の提案を受け入れてくれました。同車が『モータートレンド』誌が選ぶＳＵＶ・オブ・ザ・イヤー２０２１に選ばれたことも、私の立場を後押ししてくれたかもしれません。私は４ドアが欲しかったのですが、店頭表示価格はぎょっとするほど高価でした。夫は言いました。「この箱みたいなの（彼にはそう見えるようです）が欲しいなら、２ドアを買えばいいよ。うちには４ドアのラムトラックもあるんだし」。車の代金を払うのは私でしたが、それでもいくつかの条件について、夫と交渉する必要がありました。結局私は２ドアを選ぶことになりました。

試乗前に初めてディーラーに会ったとき、私は彼にこう言いました。「私が欲しいのは、雪の吹きだまりの中を突進し、浸水した道路を走り抜け、緊急時にペット全員を運ぶことのできる車です」。私はディーラーに個人的な要望を伝え、彼はこの3つのニーズに合わせたセールストークを展開しはじめました。革新的なテクノロジーについて語る代わりに、まず「雪道／砂利道／急勾配」の走破性について語りはじめたのです。

販売員は、相手が何をいちばん大事にしているかを突きとめ、そこに訴えかける必要があります。交渉も同じです。相手が何を重んじているかわかれば、それを「てこ」として利用できます。例えば、私は先日、サンルーカス岬へ出かけたときに、土産物屋でちょっとしたアクセサリーを買うことにしました。その青空市場は閑散としていて、客の姿はまったく見当たりません。そこで私はこの「開店休業」状態を「てこ」として利用し、品物をうまく値切ることができたのでした。

交渉とは、当事者双方にとってプラスになるような形で合意に達することです。そうした交渉のおかげで、商品を値切ったり、結婚や離婚に至ったり、仕事を得たり、真実を引き出したり、論争に決着をつけたりすることができます。政府、労働組合員、法律家、法執行機関、そして恋愛中のすべての人は、日々このような交渉にのぞんでいるのです。

道理にかなった交渉術

一流の交渉人は個人的な偏見なしに、客観的に問題を考察しながら解決策を探ります。彼らは私利私欲を抑え、相手方への配慮を忘れません。優れた交渉人は、公平で、プロフェッショナルで、礼儀正しく、しっかりとした倫理観を持っています。道理にかなった交渉術を貫くための方法を以下に示します。

冷静さを保つ

マインドフルネスの教えによると、心が穏やかであれば、私たちは「今」「ここ」に、より集中できるといいます。腹式呼吸や瞑想、感謝、思いやりといったマインドフルネスの実践を心がければ、意識を正しい方向へ導き、みずからの感覚や感情、思考、反応、判断、言語／非言語コミュニケーション、直観に対する認識を高めることができます。マインドフルネスはまた、他人に対する認識を高めるのに役立ちます。これはとりわけ対人関係において有用です。

まずは呼吸を落ち着かせるところから始めるといいでしょう。鼻から息を深く吸って、数秒間息を止め、ゆっくり口から息を吐き出してください。生理学的には、マインドフルネスは扁桃体の働きを縮小させ、海馬（記憶や学習をつかさどる脳の部位）の働きを増大させる働きがあります。マインドフルネスはストレスホルモンであるコルチゾールを減少させ、血圧を下げ、免疫機能を活性化し、集中力や共感に関わる神経回路を強化します。やがてあなたは注意力が高まり、雑念が減っていくのを実感しはじめるでしょう。そうすれば、交渉中の思考スピードも向上するはずです。

対面で交渉を行う

面と向かってやり取りすれば、相手への共感や敬意は、おのずと高まります。カメラごし・電話ごしの対話やメールでのやり取りの場合、人はあたかも防御壁に守られているような気分になります。その壁のおかげで、失礼な発言をしても相手の（言語的／非言語的な）反発を直接食らわずにすむからです。しかしこうした安心感は、マナーを軽視してもいいような錯覚を生み出します。ですから、自制を促すためにも、可能な限り対面で交渉を行い、襟を正してのぞむようにしましょう。

相手の立場になって考える

あなたの要求について相手がどう思うか考えましょう。どんな反発が返ってくるでしょうか？　その理由は何でしょうか？　それらの反発にどう対応するべきでしょうか？　当事者どうしがそれぞれに価値判断を行うことなく、率直にみずからの考えや懸念を口にすることができなければなりません。

万全の準備を整える

統計資料などの詳細なデータを手元に用意しましょう。相手の求めているものや感情的な原動力、ニーズを突きとめてください。さらに一歩進んで、彼らの性格タイプや、コミュニケーションスタイル、意思決定スタイルを見きわめましょう。また、あえて自分自身のあら探しを試み、みずからの交渉プランや想定に異を唱えてみてください。

「ノー」と言う覚悟を持つ

相手に押し切られて納得のいかない提案に合意するのは絶対にやめましょう。「ノー」をうまくコントロールできなければ、「イエス」を勝ち取ることはできません。頭の中で対話のシナリオを作り上げるときは、わざとあら探しをしてみましょう。なぜ相手はあなたの要求に「ノー」と言ったのでしょうか？　できるだけ多くの理由を考え出してください。その上で、彼らの「ノー」への対処法を考え出しましょう。

例えば、私がある容疑者に対し、殺人事件の一部始終を打ちあけてほしいと言うとします。私はこんな計画を練ります。「捜査への協力の見返りとして、個人的に裁判官にこう話すことにしよう。『彼女は捜査にとても協力的でした。それが当然の務めだと思っていたからです』。それを聞いて裁判官は寛大な措置を取るかもしれない」。一方、もう一人の私はその計画に対して異議を申し立てます。「もしも容疑者がこう言ったらどうするのか。『私はあなたを信じていないし、何も打ちあけるつもりはありません。弁護士を呼んでください。彼らは私の力になってくれます。あなたには無理です』と」。私はその場合の返答を用意する必要があります。こんなふうに答えるといいかもしれません。「言いたいことはよくわかります。あなたのような状況にある人は、たいていそう考えます。しかし、弁護士が働いているのはお金のためであって、必ずしもあなたのためではないと知っていますか？　私はあなたを金儲けの手段にしていません。つまり私は、いくら稼げるかではなく、あなたの身に何が起こるかを最優先に考えているのです」（これは交渉術の例であって、弁護士の方々を侮辱する意図は毛頭ありません！）

共感的な発言をはさみこむ

交渉中の会話に「もう少しいい条件を提供できると思ったんですが」「もっとできることがあればいいんですが」といった共感的な発言を差しはさみましょう。こうすれば、自分の立場を堅持しつつ、相手を心から思いやっているような印象を与えられます。

弱みを見せることを恐れない

自分の弱さや欠点、過ちをさらけだすと、人はたいていあなたに共感を覚えます。こちらが人間らしく不完全さを露呈すれば、相手も自分自身の弱点を明かしてくれるものです。弱みを見せるには、こう言うといいでしょう。「この交渉について見直しているときに、こちらにとって不利な条件になっていると気づきました。私は〇〇を計算に入れるのを忘れていたのです」。あなたが間違いを犯し、そのおかげで彼らにとって、よい取引になったと伝えましょう。実際には自分のほうが得をしていたとしてもです。こうすれば、交渉の条件に満足してもらうことができます。

自信に満ちた声で話す

自信に満ちた声で話すというのは、大声で怒鳴ることではありません。声の高さやトーンを低めにして、威厳を持たせることです。しかし同時に、温かく親しみやすい印象を与える必要があります。甲高い声は感情の高ぶりや嘘の隠蔽を連想させます。嘘をついているとき、（私を含む）一部の人は、声が高くなるからです。このことは科学的に説明できます。もしあなたが嘘をついたときに不安を感じる人間なら、体内にストレスホルモンが放出されます。その結果、発汗や脈拍の増加、筋肉の緊張といった生理的反応が起こります。その筋肉の中には声帯も含まれています。だから声が高くなってしまうのです。したがって、声が急に甲高くなると、不誠実で信頼の置けない印象を与えることがあるのです。

偏見《バイアス》と向きあう

「偏見《バイアス》」という言葉には、マイナスのイメージが染みついています。しかし、すべての人間は偏見を持っており、偏見は進化の産物であるということを知っていましたか？　偏見は、私たちが生命を維持したり、安全を確保したりするのを助けているのです。しかし、もちろん害を及ぼす場合もあります。偏見は、主観的で批判的な姿勢を生み出します。『オックスフォード英語辞典』によれば、偏見とは「ある人物や集団への先入観や偏向。とりわけ公正を欠くと見なされるもの」となります。偏見はその人の幼年時代に、家族や仲間、メディア、みずからの経験から学び取ったものにもとづいて形成されます。知らず知らずのうちに、私たちはある種の人物や集団、地域に対して偏見を持って接している可能性があるのです。

外見で中身を判断してはいけないことは周知の事実です。とはいえ、誰もがつい、そうしてしまいます。なぜでしょうか？ 実はこれも進化の産物なのです。誰かに会った瞬間、私たちはその人の姿（電話ごしのときは声）と、類似した他の人物の姿（声）を瞬時に比較し、あれこれ憶測を立てはじめます。おそらく比較対象となるのは、これまでに出会った人や、テレビで見てきた人でしょう。私たちの脳は目に映ったものを分類し、相手がいい人か、悪い人か、有害か、安全か、やっかいな人か、楽しい人か、あるいは信頼できる人かを見きわめようとします。ある意味、脳は私たちを守ろうとしているとも言えます。危害を加えかねない人物とは知りあいになりたくないからです。しかしご存じの通り、第一印象が必ずしも正しいとは限りません。偏見を克服するための最善の方法は、自分の中に偏見があることを自覚し、開かれた心を持ちつづけることです。それでは、信頼関係やコミュニケーションにマイナスの影響を与えかねない、日常的な5つの偏見を以下に示します。

1 ステレオタイプ

ステレオタイプとは、私たちが特定の集団や人に対していだく固定化されたイメージを指します。典型例として、性別、言語、方言、服装、職業、趣味、タトゥー、ヘアスタイル、住んでいる地域、乗っている車、年齢、教育などにもとづくステレオタイプがあげられます。

2 類似性バイアス

類似性バイアスとは、自分と共通点を持つ人に親近感をいだき、無意識のうちに好意的に評価する傾向を指します。身の安全に関して言えば、このバイアスには懸念すべき点があります。相手と心が通じあっているように錯覚し、警戒心を緩めてしまう可能性があるからです。世の中には、意図的に相手と似た振る舞いをすることで信頼を獲得し、人をだまそうとする者もいます。それを忘れないでください。また、実際に自分に似ている人であっても、場合によっては危険人物の可能性があるということも、肝に銘じておきましょう。

3 ハロー効果／ホーン効果

ハロー効果とは、ある人物を評価するときに、顕著な特徴や誤った印象、役割、地位、評判、年齢、職業、人気などに引きずられて、その他の側面についての評価が歪められる現象です。ハロー効果は、ポジティブに働く場合（過大評価）とネガティブに働く場合（過小評価）があり、後者はホーン効果とも呼ばれます。自転車競技のランス・アームストロングは、ハロー効果の好例です。「ツール・ド・フランス7冠のランスがドーピングしていたなんて信じられない。だって彼は、がんを克服した人間じゃないか」。誰もがそう思ったでしょう。がんに打ち勝った人間が、なぜ嘘をつくのでしょうか？　答えは簡単です。ツール・ド・フランスで優勝するためです。

次のような発言もハロー効果の一例です。「彼女はこのプロジェクトにおける最も優秀な科学者なんだ。

少しくらい高飛車な態度でも我慢してくれ」「彼は医学部に通う優秀な学生だ。ガールフレンドをそんなふうに虐待するなんてありえない」。こうした現象は、出会い系サイトの世界では大きな危険を伴います。かつて警官になりすました殺人者がいました。その後どうなったと思いますか？　彼は5人の女性を殺害し、もう少しで逃げおおせるところだったのです。一方、ホーン効果の実例としてあげられるのは、次のような発言です。「彼女はニューイングランドの出身だ。きっと意地悪で陰険な女だろう。あそこの連中は感じが悪いからな」

4 確証バイアス

確証バイアスとは、自分の信念を肯定する情報以外には耳を傾けなくなる傾向のことです。その結果、私たちは自分の価値観に反するあらゆる情報を無視してしまいます。このバイアスは嘘の検知を行う際に、マイナスの影響を及ぼす可能性があります。経験豊富な尋問官にも、対象者の無実を裏づける分析結果が出ているのにもかかわらず、彼らが有罪だという思いこみを断ち切れないことがあるのです。

5 内集団バイアス

内集団バイアスとは、自分が所属する集団のメンバーを他の集団のメンバーよりも好意的に評価する傾向のことです。私は多種多様な部局から成る組織において、よくこのバイアスを目撃しています。例えば、エンジニアは団結して行動する傾向があります。みな同じ専門用語を使い、似たような仕事に取り組んでいるからです。マーケティング部や販売部の人間が彼らに近づこうとしても、内集団バイアスのせいで、効果的なコミュニケーションを行うことができないかもしれません。エンジニアは他者を「アウトサイダー」と見なしてフラストレーションを感じる可能性があり、他者は彼らの「共通語」を理解できないからです。一方、ストレスのかかる環境下で、初対面の人びとに、共通のショッキングな体験を通じて、瞬時に心の絆が生まれることがあります。こうしたときにも、一種の内集団バイアスが生じます。数年前、私はまさにそのような体験をしました。ある土曜日の朝、私はペットのチンチラを救急動物病院に連れていかなければなりませんでした。待合室にいる人はみな、急病のペットを抱えていました。やがて私たちは言葉を交わしはじめ、たちまち全員のあいだに生涯の友のような絆が生まれました。このような強い絆の感覚を意識的に作りだせれば、相手からの信頼を得ることができます。面接においては、対象者に対して「今いるこの部屋は外界から守られている」という安心感を与えることによって、同種の感覚を生み出せます。

BATNA、WATNA、BOND

すべての交渉が成功すると考えるのは現実的ではありません。ときには失敗に終わることもあるでしょう。とはいえ、みずから失敗のお膳立てをする必要はありません。あくまで成功への道を探るようにしましょう。ここで、いくつかの用語を説明いたします。まず、ＢＡＴＮＡとはBest Alternative to a Negotiated Agreement（交渉合意に替わる最善の代替案）を表しています。つまり、交渉が合意に至らなかった場合の、両者にとっての最善策です。おそらく、各当事者がちょっとした利益を得るものの、望み通りの最終結果は得られないという形になるでしょう。専門家の中には、こうした代替案のほうが、本来の交渉合意よりも優れている場合があると言う人もいます。確かにそうかもしれません。しかし、ときには交渉自体が手づまりの状態になることもあります。そこで登場するのがＷＡＴＮＡ、すなわち、Worst Alternative to a Negotiated Agreement（交渉合意に替わる最悪の代替案）です。つまりそれは、譲歩せざるをえないとき、本来の要求がかなわないとき、これ以上の進展は望めないときのための、最低限の要求を意味しています。

　このＢＡＴＮＡやＷＡＴＮＡは、長年にわたって交渉を助けてきました。これらは、交渉がうまくいかない場合に両者に折りあいをつけさせるために存在しています。あるときには、当事者の一方がさまざまな制約のために行きづまってしまうことがあります。彼らは交渉を続けるだけの能力や時間、手段に欠けているのかもしれません。しかし、代替案があれば、より望ましい合意に達することが可能になります。

　尋問官という私の業界における一例をあげましょう。以前に述べたように、私は真実を手に入れるための交渉を行っています。しかし、私にも制約があります。限られたものしか提供できないのです。抑留者が収容所を出て家に帰りたいと言ったとしても、私はそれを約束することはできません。しかし、別の監房へ移りたい、誰かに手紙を書きたい、という望みであれば、私にもかなえられます。つまりこの場合、抑留者にとってのＢＡＴＮＡとは、収容所を出る代わりに部屋を替えてもらったり、家族に手紙を書かせてもらったりすることでしょう。交渉を続けるのが不可能になったときでも、こうしたＢＡＴＮＡでうまく折りあいをつけられます。

　つまりＢＡＴＮＡやＷＡＴＮＡは、交渉が行き詰まったときのバックアップ・プランだと考えてください。ちなみに私は、相手側のためにＢＡＴＮＡを検討することに抵抗はありません。とはいえ、私はＢＡＴＮＡを最終的な決着点として見据えてはいません。望み通りの結果が得られず、妥協を余儀なくされることを前提とするのは、みずから失敗のお膳立てをするようなものだからです。むしろ、私はＢＯＮＤ、すなわちBest Outcome in a Negotiated Deal（取引交渉における最善の結果）を見据えて交渉にのぞむようにしています。ですからあなたも、ＢＡＴＮＡやＷＡＴＮＡのことはいったん忘れて、まずはＢＯＮＤを目指しましょう。

ＢＯＮＤという観点を取り入れれば、交渉に対して、より真摯に向きあうようになります。ＢＯＮＤは両者にとっての最善の道です。ＢＯＮＤを目指すことで、無意識のうちにお互いの利益について考えるようになります。また、手づまりの状態になった場合も、すぐに代替案を探るのではなく、交渉がうまくいかない理由を見つけだそうとするようにもなります。両者は、率直かつ現実的でフェアな交渉ができているでしょうか？　感情的になって冷静な判断力が失われていないでしょうか？　手づまりになった理由がはっきりすれば、再び交渉に戻り、ＢＯＮＤを目指すことができます。

ＢＯＮＤを目指す際には、自分の立場を堅持しましょう。一歩も引かないでください。相手方の求めているものは、あなたの手の内にあるはずです。常に相手に対して共感的に耳を傾け、「ウィンウィン」の解決案を模索してください。寛大な姿勢を保ち、攻撃的になったり、横柄な態度を取ったりするのはやめましょう。一方、場合によっては交渉のテーブルから立ち去ってもかまわないことを忘れないでください。もちろん、人質解放の交渉となると話は別です。その場合はＢＯＮＤ一択であり、ＢＡＴＮＡやＷＡＴＮＡという選択肢はありえません。犯人がおとなしく降伏し、人質全員が無事解放されることが最善の結果であって、それ以外の道はないからです。あなたも、交渉の計画を立てる際は、まずこうした姿勢でのぞむべきです。

交渉相手のタイプ（NPT）を知る

性格タイプや人間行動に関するみずからの専門知識と、長年にわたる尋問や交渉の実体験にもとづき、私は交渉相手を８つのタイプに分ける分類法を考案しました。８つの「交渉相手のタイプ」（Negotiation Partner Types＝ＮＰＴ）は、「ハード」対「ソフト」（Hard vs. Soft）、「熟練」対「未熟」（Experienced vs. Inexperienced）、「外向的」対「内向的」（Extroverted vs. Introverted）という、３つの二項対立を軸に構成されています。これらを組み合わせることで、８種類の交渉相手のタイプが出来あがるわけです。このＮＰＴを理解すれば、タイプに応じた言語的／非言語的なコミュニケーション方法がわかり、交渉相手にうまく対処できるようになります。まずは、それぞれの二項対立を定義していきましょう。

「ハードネゴシエイター」は、説得力に富んだ腕ききの交渉人で、ときには強引で押しの強い態度も見せます。彼らは個人的な成功を追い求め、交渉を「勝利のチャンス」と見なしています。ハードネゴシエイターは、できるだけ多くを手に入れようとする一方で、相手側にはほとんど何も与えてくれません。彼らは「人」と「問題」を切りはなして考えるのが得意です。ハードネゴシエイターは他人を信頼せず、闘志満々で交渉にのぞんできます。

一方、「ソフトネゴシエイター」は、受動的で、人当たりが柔らかく、争いを避けたがります。彼らは譲歩しやすく、対立的な姿勢をあまり見せず、交渉を「お互いにメリットのある取引」と見なしています。ソフトネゴシエイターは容易に他人を信頼し、人間関係を重んじます。彼らは「人」を「問題の一部」と考えています。

この「ハード」対「ソフト」に「熟練」対「未熟」という二項対立の要素を掛け合わせると、4つのタイプの交渉人「熟練のハードネゴシエイター」「未熟なハードネゴシエイター」「熟練のソフトネゴシエイター」「未熟なソフトネゴシエイター」が出来あがります。熟練の交渉人は、理にかなった交渉戦術を活用しています。一方、未熟な交渉人は、相手に屈服して敗北宣言するか、非合理的な戦術に頼るかのどちらかです。彼らには「準備不足」「偏見を持ちこむ」「配慮に欠ける」「自分の利益だけを追い求める」といった傾向が見られます。窮地に追いつめられると情緒不安定になり、フェアな交渉ができなくなるかもしれません。感情を抑えきれなくなった場合には、われを失ってしまう可能性もあります。

最後に、これら4つのタイプのそれぞれに、「外向的」か「内向的」かという要素を加えると、8つのタイプの交渉人が出来あがります。つまり、あなたは全部で8種類の交渉相手と出会うのです。各タイプには、それぞれの強みや弱点があります。これから各タイプの特徴と、おのおののタイプに応じた効果的な交渉方法を説明していきたいと思います。

熟練のハードネゴシエイター〈外向的〉(Hard Experienced〈extroverted〉)(HE - e)

このタイプの交渉人は骨が折れる相手です。彼らは優れた交渉術を持っており、すぐに人の話をさえぎって会話の主導権を握ろうとするからです。社交的で説得力もあります。あなたは彼らに魅了され、意のままに操られてしまう可能性があります。決して気を抜かないでください。

話すスピードは意図的に緩めたほうがいいでしょう。そうすれば、相手を少々ペースダウンさせられます。恐れずに会話の主導権を握ってください。弱腰を見せれば、いいように扱われてしまいます。堂々と胸を張り、自分の意志を貫きましょう。足を広めに開き、背筋を伸ばしてください。小さく縮こまっていてはダメです！　身振り手振りを交えて話し、部屋の中を動き回りましょう。常にしっかりとアイコンタクトを取り、おへそとつま先を相手の正面に向けてください。これは相手に真正面から立ち向かっているというサインです。外向的な人はこうした姿勢を高く評価します。腕や足を組むのは避けてください。この動作をした瞬間に、外向的な人は相手から拒絶されたように感じてしまいます。腕や脚を開いたオープンな姿勢を保ちましょう。スーパーマンやワンダーウーマンの立ち姿をイメージするのもいいかもしれません。テーブルに着いているときは、背筋を伸ばし、やや前のめりな姿勢で相手と対峙しましょう。臨戦態勢が整っていることが伝わります。

一方、軽い世間話を交わすのをためらう必要はありません。外向的な人は話し好きです。外部からの刺激を好む彼らは、いったん打ちとければ、あなたと親密な関係を築こうとします。このＨＥ－ｅ（外向的な熟練のハードネゴシエイター）と心を通わせることができれば、望み通りの条件を引き出せる可能性があります。彼らは、道理にかなった交渉戦術を用いてくるからです。

熟練のハードネゴシエイター〈内向的〉（Hard Experienced〈introverted〉）（ＨＥ－ｉ）

このタイプの交渉人は、羊の皮をかぶった狼に似ています。彼らはじっくりと考えてから行動に移す性分であり、穏やかで洗練された印象を与えます。このＨＥ－ｉ（内向的な熟練のハードネゴシエイター）は、さまざまな交渉戦術を踏まえた、総合的なアプローチを取ってくるため、交渉の際には集中力を切らさないようにしなければなりません。彼らはおそらく、交渉のあらゆる側面について研究や訓練を重ねてきており、多種多様な戦術を仕掛けてきます。

ＨＥ－ｉのパーソナルスペースに侵入したり、睨《にら》みをきかせたりするのはやめましょう。彼らは、控えめなボディランゲージを使う人を好みます。こちらの外向性が高すぎるときや、大人数を相手にするとき、部屋の中がやかましく、雑然としているときには、彼らは感覚過負荷の状態におちいり、黙りこんでしまう可能性があります。このような事態は、彼らが交渉のテーブルから離れることにつながりかねません。そうなれば、ＢＡＴＮＡ（次善の策）を模索するチャンスも失われてしまいます。ＢＯＮＤ（最善策）を念頭に置いて交渉を行うのなら、相手がリラックスできるような言語的／非言語的コミュニケーションを心がけなければなりません。穏やかな声で話すように努めましょう。話し終えたあとには、しばらく間を置くようにしてください。そうすれば彼らは、あなたの発言についてじっくり考える余裕ができます。こうした時間を与えなかった場合、メッセージがうまく伝わらない可能性があります。

未熟なハードネゴシエイター〈外向的〉（Hard Inexperienced〈extroverted〉）（ＨＩ-ｅ）

このタイプの交渉人は、人をいらだたせ、ぐったりさせる可能性があります。このＨＩ-ｅ（外向的で未熟なハードネゴシエイター）は、他人の意見や借り物の知識を頼りにして自分の立場を死守しようとしますが、実のところ交渉を行うだけの経験を持ち合わせていません。しかし、彼らはそんなことはおかまいなしに、あらゆる状況を口先だけで切り抜け、知ったかぶりを通そうとします。しかし、彼らのはったりを問いただすのはやめましょう。そんなことをすれば、彼らはすぐにむきになって怒りだすからです。ＨＩ-ｅは感情が高ぶりやすいタイプです。ネガティブな感情におちいると、理性を失ってしまう可能性があります。彼らは自分の能力の欠如に心の底では気づいていますが、あらゆる手を尽くしてそれを悟られないようにしています。このタイプの交渉人は、他人の発言を個人攻撃ととらえ、つっかかってくる傾向があり、相手を指弾しながら主張を通そうとします。彼らは自信のなさを隠すために傲慢な態度を取ることがあるため、こうした振る舞いを真に受けないでください。また、彼らの言動も、個人攻撃ととらえるべきではありません。あなたは互いに尊重し合える関係を求めているはずです。したがって、彼らと話す際にも、軽蔑の色を浮かべることは慎みましょう。軽蔑の念は、道徳的優越感を示す、含み笑いの表情として現れます。

あなたが優越感を感じつつ懐柔を図っていることが相手に伝われば、彼らは交渉を一時停止し、主導権を握り返そうとするかもしれません。正体を暴かれたと感じた場合には、敵対行動に訴える可能性もあります。交渉の際には、自分の手を隠す仕草は禁物です。それは何か隠しごとをしているサインだからです。ボディランゲージの世界では、「手隠しは嘘の証拠」という言葉があります。ここでも穏やかで自信に満ちた態度を保ち、フェアな交渉の仕方をさりげなく彼らに伝授してください。彼らの発言を復唱しながら、わかりやすく説明を加えていきましょう。こうすれば、効果的なコミュニケーションを維持できます。

未熟なハードネゴシエイター〈内向的〉（Hard Inexperienced〈introverted〉）（ＨＩ‐ｉ）

このＨＩ‐ｉ（内向的で未熟なハードネゴシエイター）は、誰のことも信用しておらず、非常に頑固な一面を持っています。押しが強く、配慮に欠ける印象を与えることもあります。彼らはみずからのコミュニケーションスキルや交渉術を信頼していないため、慎重に扱わなければなりません。さもないと、彼らは殻に閉じこもってしまい、交渉は徒労に終わるでしょう。彼らを追いこむような言動をしないように気をつけてください。

このタイプの交渉人は十中八九、交渉相手や交渉のプロセスを恐れていますが、それでも果敢に戦いに挑んできます。彼らは恐怖心を内に秘めているため、無口になりがちです。したがって、あなたは彼らの信頼を獲得し、交渉にうまく引きこむよう配慮すべきです。いったん殻に閉じこもってしまうと、再び彼らの心を開くのは困難になります。言語的／非言語的なコミュニケーションについては、ＨＩ‐ｅ（外向的で未熟なハードネゴシエイター）に用いたのと同じ手法を採用してください。ただし、ＨＩ‐ｉ（内向的で未熟なハードネゴシエイター）の場合は、辛抱強く、冷静な態度でのぞむ必要があります。

彼らは感情を隠すのが得意なため、何を考えているのか読めないところがあります。したがって、第11章で紹介するボディランゲージのテクニックを使って、隠れたメッセージを明らかにする必要がでてくるでしょう。彼らが何か言おうとしたときは、十分な時間を与え、言い終わらないうちに話をさえぎったりしないようにしてください。そうした姿勢は彼らに喜ばれます。なぜなら、無能者として切り捨てられたような気分を味わわずにすむからです。常に「ウィンウィン」の姿勢を思い出させることによって、彼らが交渉のプロセスを乗り切れるように手助けしましょう。彼らに対し、忘れずに敬意を示してください。そうすれば彼らも、あなたに敬意を示してくれます。「誘いだし」のテクニックも使って、彼らを公正で道理にかなった交渉へ導きましょう。この手法なら、彼らは気分を害することなく、フェアな交渉に協力してくれます。

熟練のソフトネゴシエイター〈外向的〉（Soft Experienced〈extroverted〉）（SE‐e）

このタイプとの交渉は楽しい経験になるかもしれません。外向的な彼らは、人間関係を重視しているため、あなたに関心を持ち、親しくなろうとするでしょう。彼らは熟練のソフトネゴシエイターであり、会話中にぶしつけで傲慢な態度を取ったりしません。むしろ衝突を避け、なごやかな雰囲気で接してきます。彼らは容易にあなたを信頼してくれます。なぜなら、あなたに信頼されることを心から望んでいるからです。彼らは気のきいた会話を交わしたり、巧妙な交渉術を活用したりする一方で、合意のプロセスや結果があなたにどんな影響を与えるかを常に気にかけています。

こうしたＳＥ-ｅ（外向的な熟練のソフトネゴシエイター）は、自分自身の利益だけでなく、あなたの利益を常に念頭に置いています。個人的には、彼らは最高の交渉相手だと思います。技術的には難易度の高い相手ですが、明るく楽しい雰囲気で交渉を進められるからです。会話を交わす際には、できるだけ誠実で率直な態度を心がけましょう。心を開いていることを示すようなオープンなボディランゲージを常に使い、「we（私たちは）」や「us（私たちを）」といった包括的な語彙を用いるようにしてください。彼らの交渉戦術を高く評価し、交渉を楽しんでいることを本人に直接伝えるのもいいでしょう。このタイプの交渉人とは、長期的な人間関係を築くことになる可能性があります。

熟練のソフトネゴシエイター〈内向的〉（Soft Experienced〈introverted〉）（SE-i）

このＳＥ-ｉ（内向的な熟練のソフトネゴシエイター）は、駆け引きを熟知しています。しかし、周りにはそうした印象を与えていないかもしれません。彼らは少々控えめなところがあるからです。慎重な物言いを好む彼らは、あらかじめ発言内容や受け答えについて、周到な計画を練ってから口を開きます。ソフトネゴシエイターである彼らは、あなたの視点や物の見方をおのずと尊重してくれます。とはいえ、その穏やかな態度にだまされてはいけません。彼らは性格こそ控えめなものの、熟練の交渉人だからです。

ＳＥ-ｉと接するときには、いつもよりも慎ましやかな言語的／非言語的コミュニケーションを心がけてください。そうすれば、彼らは徐々にあなたを受け入れてくれるでしょう。ＳＥ-ｉと交渉を行うときに最も避けたいのは、あれこれ憶測を立てて彼らの誠実さを疑うことです。「内向的かつ熟練した交渉人である彼らは、こっそり何かを企んでいるに違いない」――あなたはついそう思ってしまうかもしれません。しかし、彼らの言語的／非言語的シグナルを読み取ることができれば、誠実であるかどうかを見きわめられるはずです。あなた自身が内向的である場合、彼らの信頼を勝ち取るのは難しくないでしょう。会話において、ＳＥ‐ｉを急がせるのは禁物です。適度に間を置き、リラックスを心がけ、根気よく返事を待ちましょう。

未熟なソフトネゴシエイター〈外向的〉（Soft Inexperinced〈extroverted〉）（SI‐e）

このタイプの交渉人は、そもそも交渉に向いているとは言えないでしょう。ソフトネゴシエイターである彼らは、押しが強いわけでもなければ、自己中心的なわけでもありません。むしろ、健全な人間関係を形成し、維持したいと思っています。彼らは未熟な交渉人であり、この種のコミュニケーションに必要な正式な訓練を受けておらず、対人スキルも不足しています。しかし、それにもかかわらず、彼らは喜んであなたとの交渉に挑んできます。外向的な彼らは、見知らぬ人と会話を交わしたり、初対面の人といっしょに過ごしたりすることを苦にしません。このタイプの交渉人は、技術的な未熟さを取りつくろうために、饒舌になりがちです。その結果、デリケートな情報をうっかり漏らしてしまう可能性があります。この点は、あなたにとってはプラスに働くでしょう。しかし、彼らの弱みにつけこむのは慎むべきです。もしもあなたが彼らの弱みにつけこんで不正を働き、それを本人に見抜かれた場合、相応の報いを受けることになるからです。ＳＩ‐ｅは、好意を持って相手に接すれば、相手もフェアな交渉をしてくれると思っています。彼らと交渉を行うときには、しっかりとした倫理観を持つべきです。

未熟なソフトネゴシエイター〔内向的〕（Soft Inexperienced〔introverted〕）（SI‐i）

このＳＩ‐ｉ（内向的で未熟なソフトネゴシエイター）と交渉を行った場合、ほぼ全勝を勝ち取れるでしょう。しかしその一方で、あなたは別のもの――例えば「信用」を失いかねません。ＳＩ‐ｉと交渉を行う際に最も避けたいのは、高圧的な態度を取ることです。彼らが自信を持てるように仕向けましょう。「賢い選択をしましたね」とほめることで、みずからの判断力に自信を持たせるのもいいかもしれません。彼らは未熟なソフトネゴシエイターであり、あなたが優位に立っているのは明らかです。しかし、彼らの弱みにつけこんではいけません。交渉は道義にかなったものであるべきだということを忘れないでください。私たちは常に、交渉相手への敬意を示す必要があります。いつか彼らの力を借りなければならない日が来るかもしれません。あなたが不正を働いたことを彼らが知ったら、いざというときに助けを得られなくなる可能性があります。

ここまで読んで「なぜＳＩ‐ｉ（未熟・ソフト・内向的）に自信を持たせようとするのか？」「なぜＨＩ‐ｉ（未熟・ハード・内向的）を追いこまないようにするのか？」「なぜＨＩ‐ｅ（未熟・ハード・外向的）のはったりを問いただすべきではないのか？」、そう思った人もいるでしょう。その理由は、彼らと再び交渉を行うことになるかもしれないからです。将来を見据え、あらゆる面接や交渉を友好的な雰囲気で終わらせるように心がけましょう。いつか彼らの助けが必要になる日が来るかもしれません。

交渉は「妥協」ではないことを肝に銘じましょう。「妥協」では、誰も欲しいものを手に入れることができません。欲しいものを手に入れるためには、交渉相手への最善のアプローチを追求し、両者が勝利を得たと実感できるような関係を築き上げる必要があるのです。

「恐れから交渉をしてはいけない。しかしまた、交渉するのを恐れてもいけない」

――ジョン・F・ケネディ

（エクササイズ）

これは遊び感覚のエクササイズです。

まず、家具店や自動車ディーラーなど、価格交渉が可能な店を訪問しましょう。そしてこのチェックリストを使い、値下げ交渉にチャレンジしてみてください。最低目標は店頭表示価格の10パーセント引きです！

ターゲットのプロファイリングを行う

□あなたの交渉相手のタイプ（NPT）は何か？

HE・e／HE・i／HI・e／HI・i／SE・e／SE・i／SI・e／SI・i

共感的な交渉を行うための計画を立てる

□対面で交渉を行う
□相手の立場になって考える
□信頼関係を構築する
□統計資料などの詳細なデータを手元に用意する
□「ノー」と言う覚悟を持つ
□共感的な発言を用いて安心できる環境を作りだす
□誘いだしのテクニックを使って交渉相手の心を開く
□弱みを見せることを恐れない
□自信に満ちた声で話す
□偏見と向きあう

会話の計画を立てる

□あなたの目的は何か？
□あなたのＢＯＮＤ（最善策）は何か？
□彼らはどんな「理由」から取引条件に応じてくれるか？

会話を実行に移す

第10章

「限界点」をどう処理するか

本章では、限界点（真実を打ちあけるかどうかの瀬戸ぎわ）について考察します。対象者が限界点に達しているかどうかは、すぐにわかります。ボディランゲージや声にその兆候が現れるからです。対象者が真実の告白をためらっているときに見られる特定の言語／非言語行動というものが存在します。これからそうした「限界点のサイン」を紹介していきます。また、限界点においてどのような言葉を投げかければ対象者を真実の告白に導けるかについても、説明したいと思います。

対象者が限界点にあるとき、尋問官は「あなたが犯行現場にいたという確証があるんですよ」といった言葉で彼らを追いこむこともできます。あるいは「何か思い悩んでいるようですね。決断のときが迫っているのです。あなたならきっと正しい決断をしてくれるはずです」のような発言を投げかけ、対象者がみずから口を割るのを待つこともできます。もしくは「今どんな気持ちですか？」といった質問をしてみるのもいいかもしれません。場合によっては、何も言わずに黙っているのがベストなときもあります。どのようなアプローチを取るにせよ、尋問官は対象者が安心できる環境を作りだす必要があります。本章を読めば、対象者に真実の告白を促すための心構えができるでしょう。

では、限界点とはどのようなものでしょうか？　対象者が限界点に達したかどうかを確認するには、どうすればいいのでしょうか？　まずは「限界点のサイン」について説明しましょう。

非言語的な「限界点のサイン」

非言語的な「限界点のサイン」として典型的なのは、体が縮こまりはじめることです。彼らはうなだれ、がっくりと肩を落とすようになります。その姿はまるで両肩に重荷を載せられているかのようです。嘘をつくことは、罪悪感や不安感、恥の意識といったネガティブな感情を引き起こします。こうした感情が文字通り重圧となって、彼らにのしかかってくるのです。限界点に達した対象者の中には、認知的過負荷の状態におちいり、ボーッとしているように見える者もいます。また、一部の対象者は、面と向かって嘘をつくことへの抵抗感や、嘘を見抜かれることへの恐怖のために、相手の目を直視できない可能性があります。しかし大半の対象者は、じっとしたまま動かなくなります。

言語的な「限界点のサイン」

対象者が限界点に達したことを示す言語的なサインの一つとして、固く口を閉ざしてしまうことがあげられます。彼らはどんな決断を下すべきかという点に全意識を集中させているのです。

尋問官として、あなたは対象者のストレスや神経過敏の兆候——「かすれ声」「震え声」「荒い息づかい」「声のトーンや高さ、話すスピードの変化」——を耳にする可能性もあります。ため息や深呼吸も、こうしたサインの一つです。

口を割らせるための個人的な原動力やモチベーション

限界点にうまく対応し、対象者の口を割らせるためには、何が真実の告白の動機となるのかを突きとめる必要があります。ここで、個人的な原動力やモチベーションの一例を紹介しましょう。対象者は次のような理由から告白をためらっている可能性があります。

・刑務所ゆきになることを恐れている。
・真実を告げれば、危害を加えられたり、殺されたりするのではないかと恐れている。
・仕事や現在の生活を失うことを恐れている。
・罪悪感、恥の意識がある。
・尋問官を信用していない。
・もし口を割れば、敵／尋問官に勝利を譲ることになると思っている。

対象者の中には、以下のような心理的欲求を満たすために、たとえどんな結果になろうとも、みずから進んで口を割ろうとする者もいます。

- 感謝：彼らは、あなたのやさしさや相手を責めない姿勢、辛抱強さ、誠実さに報いたいと思っている。
- 安堵：人間は本質的に正直でありたいと思っている。対象者は真実を打ちあけ、罪悪感という重荷から解放されたい。
- 償い：対象者は、真実を告白することが家族や友人にとって最善の選択だと思っている。
- 自尊心：対象者は自分を立派な人間だと思いたがっており、そのためには最終的に正しい行いをする必要がある。

この、限界点という重要な局面においては、「間」をうまく使いこなし、声のトーンやボリュームを抑え気味にする必要があります。安全や安心を考慮した上で、軽いボディタッチを取り入れ、一体感を生み出してもいいでしょう。腕などの無難な場所に軽く触れてみてください（ただしこの方法は、尋問官と対象者が同性どうしの場合にのみ用いるべきです。また、常に相手側の文化的規範に従う必要があります）。ボディタッチは心のつながりを実感させてくれます。対象者のそばに座ってみるのもいいでしょう。彼らのボディランゲージを読み、パーソナルスペースへの侵入が許されているかどうか確かめてください。「私にどんな手助けができますか？」「何か頼みたいことはありますか？」といった質問を対象者にしてみましょう。「we（私たちは）」という言葉を使い、連帯感を生み出してください。

また、嘘を見抜かれたと対象者が知った瞬間に限界点が訪れる場合もあります。ですから、私たちは嘘を見抜いていることを彼らに知らせなければなりません。しかし、非難がましい言い方は避ける必要があります。その場合、次のように言うことができるでしょう。

- 「何かほかに言いたいことがあるようですね」（このとき「何かほかに隠していることがあるようですね」と言うのは避けましょう。この言い回しは少々非難めいていて、相手を黙りこませてしまう可能性があるからです）
- 「その話には裏がありそうですね」
- 「何かほかに打ちあけたいことを抱えているようですね」

あるいは、次のように言うこともできます。

- 「私の勘違いかもしれませんが、あなたの答えには、ためらいが感じられます」
- 「私の勘違いかもしれませんが、何だか落ち着かないようですね」（彼らが問いに答えたあと、「どうすればあなたの信頼を得ることができますか?」「どうすればリラックスしてもらえますか?」といった質問によってフォローアップを行ってもいいでしょう）

埋めこまれた命令

以下のような「埋めこまれた命令」（訳注：聞き手に気付かれないようにさりげなく挿入された指示や命令）を使って対象者の口を割らせることも可能です。

・「〜について質問したとき、動揺しましたね」
・「〜について質問したとき、罪悪感を感じているように見えました」
・「〜について質問したとき、私に何か言いたいように見えました」

次のように言うこともできます。

・「供述の矛盾点が露呈した今、あなたは罪の意識を感じているはずです」
・「供述の矛盾点が露呈した今、あなたはすべてを打ちあけたいと思っているはずです」
・「供述の矛盾点が露呈した今、あなたは真実を告白し、重荷から解放されたいと思っているはずです」

また、次のように言うのもいいでしょう。

・「いずれあなたは真実を告白するでしょう。なぜならそれが正しい行動だからです」
・「いずれあなたは嘘をつくことの重荷に耐えられなくなるでしょう」
・「いずれあなたは嘘を見抜かれたことを認めるでしょう。証拠はそろっているんですから」

さらに、次のような言い方もできます。

・「嘘をつくのは簡単なことではありません。だんだん頭が混乱してくるからです」

- 「作り話を完全に記憶できる人などいません。どうしても細部が、あやふやになってきますからね」
- 「自分が今、動揺しているのはわかってますよね」
- 「あんな嘘をつくべきじゃなかったと思いはじめているんじゃないですか」
- 「そろそろ白状したほうがいいかなと思ってるんじゃないですか」
- 「考えてみてください。嘘のサインを隠し通せる人などいません。しかも私は、それを見抜く訓練を積んでいるんです」
- 「私がなぜ、あなたを信用できないのか、わかりますか？」

限界点は尋問における正念場です。自分自身や対象者に対して忍耐強くなる必要があります。強引な言動は慎んでください。肩の力を抜き、自分の手腕を信じて、対象者を真実の告白へ導きましょう。あなたの言葉の選び方や言い回しによって、対象者から真実を引き出せるかどうかが決まるのです。

「どのような決断においても、最善の選択は、正しいことをすることである。最悪なのは、何もしないことだ」

——セオドア・ルーズベルト

第11章

ボディランゲージを的確に分析する

「行間を読む」とは、隠れた真意を読み取ることです。「クリプトグラフィ」（暗号術）という言葉は、ギリシャ語の「クリプトス」（「隠された」の意）と「グラフェイン」（「書くこと」の意）に由来しています。暗号術とは、秘密のメッセージの作成・解読によって、当事者間の通信内容が第三者に読み取られるのを防止する手段です。初期の情報隠蔽技術の中には、「透明インク」を使ったものもありました。機密扱いではない通常の文書の「行間」に「透明インク」（酸性物質など）でメッセージを記し、受け取った側が化学反応を利用して秘密のメッセージを浮かび上がらせていたのです。

あたかもこの透明インクのように、人はコミュニケーションにおいて（意図的に、あるいは無意識に、言語的／非言語的に）本当の感情を隠すことがあります。私たちは他人を信頼している場合、相手は嘘をついていないものと決めてかかっています。「誠実でありたい」「他人を信頼したい」というのが人間の本質だからです。とはいえ、すべての人が信頼できるとは限らないのは、あなたもご存じのはずです。長年にわたって支店の運営をまかせてきた社員が、実は会社の金をずっと使いこんでいたのを知ることもあるでしょう。就職希望者が重い犯罪歴を隠していることもあれば、検問所を通る乗客が実は麻薬の密売人だったということもありうるのです。

皆さんの多くは、心の知能指数（EQ）という言葉を聞いたことがあるでしょう。私はこれから（私が呼ぶところの）「ボディランゲージ知能指数」の高め方を、皆さんに伝授したいと思います。非言語行動の分析に関して言えば、まずは自分自身のボディランゲージを意識することが先決です。その上で、他人のボディランゲージを正確に読み取る方法を学んでいくといいでしょう。この「ボディランゲージ知能指数」を高めれば、姿勢やジェスチャーを変えるだけで考え方や行動まで変わってくることを理解できるようになります。さらに、他人の誠実度を見きわめたり、「通常のストレス」と「嘘に伴うストレス」を見わけたりすることも可能になるはずです。

本章では「嘘はどのように作られるのか」「2種類の嘘つきと、その違い」といったテーマも取り上げます。また、人びとの言動の「ベースライン」を特定する方法や、最も信頼度の高い「嘘のサイン」についても説明したいと思います。

自分の体を意識する

面接や交渉では、非言語行動によってコミュニケーションの壁が生まれ、不信感や拒絶感を招くおそれがあります。私たちはボディランゲージを通じて、さまざまなメッセージをうっかり相手に送ってしまいます。「あなたには興味がない」「自分のほうが上だ」「あなたの考えなど聞きたくない」「ケンカ腰でいこう」「実はやましいところがある」といったサインを（本当はそうでなかったとしても）知らず知らずのうちに出しているのです。他人のボディランゲージを見定める前にまずやらねばならないのは、自分自身のボディランゲージと向きあうことです。なぜなら「自分は信用できない人物だ」というメッセージを意図せずに送ってしまっているかもしれないからです。

ボディランゲージの世界には、「体が動けば心も動く」という言葉があります。姿勢を変えるだけで、考え方まで変わってくるのです。エイミー・カディの「パワーポーズ」に関するＴＥＤトークをまだ見ていない人は、今すぐ見ることをお勧めします。パワーポーズ（スーパーマンの「仁王立ち」のような力強いポーズ）を取ると、脳内物質に変化が生じ、ストレスホルモンであるコルチゾールが抑制されます。エイミー・カディは人びとに2分間このパワーポーズを取ってもらい、そののちに彼らの唾液中のコルチゾール値を測定することによって、この事実を証明したのです。私たちは、自分の体が占めるスペースが大きくなればなるほど、より自信を持てるようになります。大半の人は、何らかの不安を抱えていると、縮こまった姿勢になります。背中を丸め、肩を落とし、がっくりとうなだれるのです。それによって、私たちの体が占めるスペースは小さくなります。こうした姿勢は「閉じた《クローズド》ボディランゲージ」であり、窮屈で不誠実なイメージを与えます。これでは、相手の信頼を勝ち取るのは難しいでしょう。逆に、自信に満ちたイメージを生み出すには、「開いた《オープン》ボディランゲージ」を維持する必要があります。

他人の関心や信頼を集めるためには、どのようなボディランゲージを用いるべきでしょうか？　そのためのチェックリストを以下に示します。

常に「開いた《オープン》ボディランゲージ」を用いる

「開いた《オープン》ボディランゲージ」をキープするためには、「喉もと」「へそ」「股間」を隠さないようにする必要があります。この3つの領域は「パワーゾーン」と呼ばれています。私たちは恐怖を感じたとき、無意識にこれらの部分を隠そうとします。脳の扁桃体が恐怖（例えば真実を告白することへの恐れ）を感知すると、人はこれらの急所を保護し、重要な臓器を守ろうとするのです。

相手がこうした仕草をしているかどうかに注目しましょう。それは彼らが恐怖を感じているサインだからです。一方、みずからのパワーゾーンを覆い隠すときには注意が必要です。そうした動作は「信用ならない人」というメッセージを伝えかねません。

腕を組まない

私たちは「楽な姿勢だから」「重要な決断の前に、集中して物事を考えたいから」といった理由で腕を組むこともあります。とはいえ、この仕草は一般に「身構えた姿勢」と受け取られます。腕は組まずに、体の横に下ろす癖をつけましょう。

相手に合わせたアイコンタクトの取り方をする

人をじっと見つめることは避けましょう。攻撃的な態度と受け取られかねないからです。相手に合わせたアイコンタクトの取り方を心がけましょう。直接目を合わせることに気まずさを感じるタイプの人もいるのです。彼らはアイコンタクトが多すぎると、落ち着かない気分になってしまいます。こうした素振りは「嘘のサイン」と勘違いされる可能性があります。

相手の正面に体を向ける

常におへそとつま先を対象者の正面に向けるようにしましょう。こうすれば、彼らに関心を持っていることが伝わります。一方、体をよそに向けたり、壁や椅子にもたれかかったりすると、彼らへの関心を失ったような印象を与えかねません。対象者自身にも同じことが言えます。対象者が急に体の向きを変え、つま先がドアのほうへ向くような姿勢を取ったとしたら、おそらく彼は部屋から逃げ出したくなったのでしょう。

「なだめ行動」を避ける

人によっては、緊張したり不安を感じたりしたときに、自分をなだめるような動作をしはじめることがあります。自分の手や腕、脚をさすったり、爪を噛んだり、指輪を触ったり、服の袖を引っ張ったりするのです。中には指で唇を撫でたりする人もいます。人は不安を覚えたときに、自分自身を慰める方法としてこうした行為をする傾向があります。逆に自分が「なだめ行動」をしていると気づいたら、手をテーブルの上に戻したり、体の横へ下ろしたりするようにしましょう。

「誠実さ」を見抜くことに力を注ぐ

嘘を見抜いたり、とりわけボディランゲージを読み解いたりする上で、まず知っておかなければならないことがあります。それは、常に「誠実さ」の見きわめを念頭に置くべきだということです。さもなければば、嘘を見抜けなかったり、誠実な人が嘘つきに見えてしまったりする恐れがあります。ボディランゲージの読み取り方は誰にでも身につけられます。一方、私は講習生に、ボディランゲージを客観的に分析し、「通常のストレス」と「嘘をつくことによるストレス」の違いを識別する方法を教えています。緊迫した状況に置かれた人には、ストレスに対する生理的反応が見られます。嘘をついている人にも同様の反応が現れます。とはいえ、後述のように、中には嘘をついても不安を覚えない人間もいます。

相手が嘘をついているかどうかを言語的／非言語的な観点から見きわめようとする場合、私は彼らの言動に表れた「誠実さのサイン」と「嘘のサイン」の両方をメモ帳に書き留めていきます。私は尋問の開始（信頼関係の形成段階）から終了までのあいだ、ずっと、対象者の「ベースライン」（通常時の行動パターン）の特定を行っていますが、その際に、目についた「誠実さ」や「嘘」のサインをメモ帳に書き留めながら、彼らの振る舞いを見定めているのです。非言語的なサインの場合は「ＮＶ」（nonverbal）、言語的なサインの場合は「Ｖ」（verbal）と書いてから、その横に具体的な言動を書きこんでいきます。したがって、誰かに「なぜ彼らの話が本当だと思うのか？」と聞かれたときも、「『嘘のサイン』がなかったからです」ではなく、「７つの『誠実さのサイン』が見られたからです」と答えることができます。

嘘を見抜く名人になるためには、誠実さを見抜く名人にならなければなりません。ときには、「誠実さのサイン」と「嘘のサイン」の両方が同時に見られる場合もあります。しかし、優れた観察眼の持ち主であれば、どちらの比重が高いかを見きわめられるはずです。本章では非言語的な「嘘のサイン」について考察する一方で、その対極に位置する「誠実さのサイン」についても触れる予定です。

まずは、嘘の背後にある科学について説明したいと思います。これを読めば、なぜ誠実な人がときとして嘘つきに見えるのか、なぜ嘘つきが堂々と振る舞い、ポリグラフ検査に通ってしまうことがあるのか理解できるでしょう。

嘘発見器

嘘発見器の話をする前に（ちなみに嘘発見器などというものは存在しません）、神経系や記憶についての考察を行いたいと思います。神経系とは、メッセージが絶えず出入りしているコールセンターのようなものだと考えてください。神経系は中枢神経系と末梢神経系に分かれています。中枢神経系とは脳と脊髄のことです。ここでは脳に焦点を合わせて話を進めます。大脳辺縁系については第8章ですでに解説していますが、本章ではより詳しい説明を加えていきます。

大脳辺縁系は、感情やモチベーション、生存本能、記憶などをつかさどっています。大脳辺縁系は刺激に対して即座に反応するため、「正直な脳」と呼ばれています（たとえその反応が理不尽な怒りの爆発であったとしてもです）。大半の人が嘘をつくという行為に不安を覚えるのは、大脳辺縁系のせいです。とはいえ、世の中には嘘をついても不安を感じない人間もいます。科学ジャーナリストのロナルド・コチュラックによって書かれたある記事には、次のような一節があります。「脳イメージング技術を用いて、嘘がどのように大脳辺縁系（感情や自己防衛の中枢）の活動を刺激しているかを観察することができた。嘘は左右の側頭葉にある海馬（記憶の中枢）から支援を集めたあと、まっしぐらに前頭葉へ進み、そこで（脳が知るところの）真実を隠蔽するという決断がなされる」

あるいは、かつてオーストラリアで警官を務めていた友人のエリー・ジョンソンに言わせれば、こうなります。「嘘というのは一つの選択です。それはまず、真実を隠すことから始まります」

多くの人はポリグラフ装置を「嘘発見器」だと思っていますが、それは間違っています。ポリグラフ検査が検出できるのは、ストレスへの生理的反応だけです。嘘つきには2種類のタイプがあります。「普通の嘘つき」と「したたかな嘘つき」です。「普通の嘘つき」は、嘘を考え出したり、嘘のつじつまを合わせたり、嘘を見抜かれたりすることに対して不安を感じています。これは私たちの大半に当てはまる傾向です。ときには嘘をつくことへの不安が高じて、認知的過負荷におちいりさえします。

もう一方は「したたかな嘘つき」です。彼らは嘘をつくのが特別うまいわけではありません。「したたかな嘘つき」は単に、嘘に伴う「不安」よりも「報酬」のほうに意識を集中しているのです。例えば、履歴書に関して嘘をつく場合、彼らは「嘘を見抜かれること」よりも「仕事を得ること」のほうに意識を集中しています。「したたかな嘘つき」は嘘をつく行為に不安を覚えず、ストレスも感じないため、ストレス反応システムも始動しません。「彼らの嘘を見抜くのは可能なのか？」、多くの人が私にそう聞いてきます。答えはイエスです。彼らは非言語的な「嘘のサイン」は示さないかもしれませんが、言語的な「嘘のサイン」に関しては、必ず尻尾を出すからです。このことは次章で詳しく説明したいと思います。

ポリグラフ装置を「嘘発見器」として利用するという発想は、嘘をついている人は誰もがストレスや不安を感じているはずだという決めつけに端を発しています。しかし、世の中には嘘をつくことに何の不安も覚えない人もいます。だからこそ、アナ・モンテスや、オルドリッチ・エイムズ、ロバート・ハンセンといったアメリカのスパイたちは、外国政府に機密情報を売り渡していたにもかかわらず、毎年ポリグラフ検査をくぐり抜けていたのです。彼らは、嘘の「報酬」だけに目を向ける「したたかな嘘つき」だったのです。

嘘を正確に検出できる唯一の装置は、機能的ＭＲＩ（ｆＭＲＩ）です。ｆＭＲＩを使えば、嘘をつくことや真実を語ることに関連する脳の活動を観察することができます。ともあれ、肝心なのは、人間が「嘘をつきたくない」と思っている場合、大脳辺縁系は「不安」という感情をもって反応し、それらの反応は「人間嘘発見器」（嘘を見抜く名人）にも読み取れるということです。さらに、こうしたストレスは認知的過負荷を引き起こすため、彼らはたちまち、しどろもどろになり、でっちあげたストーリーは、もろくも崩れ去っていくのです。

私はよく、ソシオパス（社会病質者）や病的虚言者についての質問を受けます。病的虚言者は他人を操ったり、だましたりするために嘘をつき、後悔や罪悪感、恥の意識をいっさい持ちません。彼らは自尊心が高く、嘘を追及されると激高する傾向があります。強迫的虚言者は、これといった理由もなく嘘をつきます。彼らの嘘は個人的利益のためではなく、はっきりした動機は見当たりません。病的虚言者や強迫的虚言者の嘘を暴くのは簡単ですが、彼らは嘘を見抜かれても、なお嘘をつきつづけようとします。

科学者によると、脳は嘘をつくことに「適応できる」のだそうです。つまり、嘘をつけばつくほど、嘘をつくのは楽になっていきます。「ほら吹き男」から「病的虚言者」に至るまでの常習的な嘘つきの場合、大脳辺縁系が嘘をつくときの不安に慣れっこになっていて、あまり動揺せずにすむのです。しかし、だからといって、嘘への適応度を高めるために、やたらと嘘をつきまくるのはやめてください。嘘をつくのがだんだん平気になり、ストレス反応が減ったとしても、嘘は必ずばれるものだからです。

記憶から嘘をでっちあげる

大脳辺縁系には、記憶の中枢である海馬という部分があります。海馬は短期記憶を長期記憶に変換する働きを持っています。記憶には「エピソード記憶」と「意味記憶」の2種類があります。エピソード記憶とは、実際に体験した出来事に関する記憶であり、自分がやったことや訪れた場所、出会った人、目にした光景、耳にした音、味わった感情などから構成されています。私たちはこのエピソード記憶を、バラバラな情報の断片として蓄積しています。したがって、これらの記憶を想起するときには、断片的な情報をつなぎ合わせ、出来事を再構成する必要があります。きのうの夜、何をしたか思い出してください。自分の行動を口に出して言ってみましょう。おそらくあなたは物語形式ではなく、時系列に沿って断片的な情報を羅列する形を取ったのではないでしょうか。もしも来週、来月、来年に、同じ作業をするように頼んだ場合、あなたはそのつどバラバラな情報の断片をつなぎ合わせて物語を作り上げることになります。問題なのは、1年後には、これらの情報の断片の一部が記憶から抜け落ちてしまうことです。あなたはもはや、それらを想起することができなくなっています。時がたつにつれて、断片的な情報から実際の出来事を再構成するのは、ますます難しくなっていきます。このことが、嘘の検知にとっていかにやっかいな問題であるか、皆さんもそろそろ気づきはじめたのではないでしょうか。もし私が対象者に何か月も前の出来事について尋ねた場合、きのうの晩に何をしたか尋ねたときよりも、エピソード記憶の断片を想起することは難しくなるでしょう。嘘の検知の専門家として私は、彼らの記憶のあやふやさを「嘘のサイン」だと早とちりしないように、気をつけなければなりません。

　一方の意味記憶とは、個人的な体験とは無関係な、一般常識に関する記憶です。私たちは人間としてこの世に生きているうちに、徐々にこうした情報の断片を積み重ねています。ほとんどの皆さんは、実生活でスペースシャトルに乗ったこともなければ見たこともないはずなのに、スペースシャトルが何であるかを、おそらく知っているでしょう。嘘の検知において難しいのは、対象者の記憶がこの「意味記憶」なのか、それとも本人の「エピソード記憶」なのかを識別することです。嘘をつくとき、人は意味記憶を使って偽のストーリーや出来事を作り上げます。例えば、私はあなたに向かって「フロリダのケネディ宇宙センターでスペースシャトルの打ち上げを見たことがあります」と嘘をつけます。そのときの光景を、まことしやかに描写することもできます。しかし実際には、私はテレビで打ち上げを見たときの意味記憶の断片を使って話をでっちあげているだけなのです。なにしろ、ケネディ宇宙センターなんて行ったことがないのですから。皆さんの中には、こう思っている人もいるでしょう。「えっ？　じゃあ、相手が意味記憶から嘘をでっちあげているかどうかを見きわめるには、どうしたらいいの？」

答えは簡単です。これからそれを説明しましょう。

認知的過負荷

幸いにも、「普通の嘘つき」と「したたかな嘘つき」のどちらも同じく、認知的過負荷におちいる可能性があります。「認知的負荷」とは、ワーキングメモリ（作業記憶）で使われる心理的労力の総量を指します。人はワーキングメモリを、スキーマ（認知的枠組み）という形で長期記憶に変換しています。私たちは目の前で起きたことを理解する際に、長期記憶からこれらのスキーマを引っ張り出し、情報の整理に役立てています。もしこうした能力がなければ、私たちは一時停止の標識を見ても、それが何を示すのか思い出せなくなるでしょうし、私はキーボードを見ないで本書の原稿を打ちこむことができなくなるでしょう。

では、嘘を作りだす際に用いられる認知的プロセスについて説明しましょう。前述の通り、真実を語る場合でも、過去を回想する際には、記憶の断片を引っ張り出し、それらをつなぎ合わせて一つの物語を作り上げる必要があります。これはけっこう、心理的労力を必要とする作業です。とりわけ、日付や時刻などの詳細な情報を求められた場合、たとえ嘘つきでなかったとしても、記憶を呼び起こすのに四苦八苦するかもしれません。嘘つきもまた、必要に応じて記憶を呼び起こしており、意味記憶から嘘をでっちあげる作業によってワーキングメモリが過剰な負担を強いられた場合、認知的過負荷におちいってしまう可能性があるのです。

　認知的過負荷の状態にある人は、通常の思考プロセスを処理することができません。すると彼らは、以下のような振る舞いを見せるようになります。

- 記憶の細部があやふやになる。あるいは細部がすべて抜け落ちる。
- 話すスピードが遅くなり、口数が減る。
- 短くて単純な単語を使う。
- 話のセンテンスが短くなる。
- ストーリーに付随すべき感情が存在しなくなる（ただしストレスや不安の感情は残る）。
- 質問が耳に入らなくなる。意識が外界ではなく内面に向き、ボーッとしているように見える。
- 人によってはストレスで体調が悪くなる。

　対象者が認知的過負荷におちいった場合、嘘をつきつづけるために必要な心のゆとりがなくなってしまいます。そうなると、彼らはたちまちボロを出しはじめ、やがて「限界点」に達するのです。

ベースライン（基準値）を特定する

ここまでは「2種類の嘘つき」や「嘘が作られるプロセス」などについて説明してきました。ここからはいよいよ、嘘を検知するための重要ツールである、ベースライン（基準値）の特定について学んでいきましょう。ベースラインの特定とは、対象者がリラックスしているときの振る舞いを正確に把握するということです。対象者のリラックス時の行動パターン（基準値）がわかれば、彼らがストレスを感じたり、嘘をついたりしているときに、それらがいかに変化するかを正確に見きわめることができます。

対象者の行動パターンの正確なベースラインを特定するためには、彼らにゆったりとくつろいでもらうのが一番です。ベースラインの特定は、通常、信頼関係の形成過程で行われます。尋問官は対象者の趣味や家族、世間の出来事などについて会話を交わします。ただゆっくり座って、彼らがしゃべるのを聞いているだけでいいときもあります。その間に、尋問官は、対象者の言動のベースラインを見きわめるのです。

対象者の非言語コミュニケーションにおける注目ポイントは、以下の通りです。

- そわそわしているか、それとも、じっとしているか？
- アイコンタクトを取るか、それとも避けるか？
- 指やつま先で机や床をトントン叩くか？
- すぐに感情が顔に出たり、眉をつり上げたりするか？
- 首を振る動作と発言のあいだに矛盾があるか？（首を横に振りながら「はい」と答えたりしているか？）

- エネルギッシュで激しやすいか、それとも穏やかでのんびりしているか？
- 姿勢がいいか、それとも猫背か？
- 「なだめ行動」（自分をなだめるような仕草）をするか？
- エピソード記憶、あるいは意味記憶を想起するとき、目線をどこに向けるか？

一方、対象者の言語コミュニケーションにおける注目ポイントは以下の通りです。

- 話すスピードはどれくらいか？　早口か、それともゆっくりか？
- 声の高さはどれくらいか？（通常、嘘をつくと、ストレスで声帯が緊張し、声が高くなる）
- 声のトーンはどんな感じか？　皮肉っぽいか、堅苦しいか、気さくか、ポジティブか、ネガティブか？
- 声の大きさはどれくらいか？　小声で話す傾向があるか？
- 言葉に詰まることがよくあるか？　沈黙の長さや頻度はどれくらいか？
- 「あのー」「ええと」といった、つなぎ言葉を使うか？
- 舌を鳴らす傾向があるか？（人が舌を鳴らす場面に注目してみよう。舌を鳴らすのは、言葉に詰まったときの時間稼ぎの可能性がある）
- どんな言葉や言い回しをよく使うか？（私はこれらを「ペットワード」〔訳注：お気に入りの言葉〕と呼んでいる。常に「絶対に信じないと思うけど……」という前置きをしてから話を切りだす者もいれば、あらゆる発言を「そんなわけで（so）」という言葉で始める者もいる。上記の2つの言い回しは「嘘のサイン」にもなりうるが、リラックス時にもこうした言い回しをよく使う人の場合は、その限りではない）

この、ベースラインを使って行動パターンの変化を調べる際には、対象者を取り巻く背景について考慮する必要があります。彼らは、尋問やポリグラフ検査を受けるにあたって緊張しているのかもしれません。私たちは、対象者が尋問そのものについて不安を感じているのか、それとも嘘をついているのかを見きわめなければなりません。しかし、この2つを見わける簡単な方法があります。

通常のストレスか？　嘘に伴うストレスか？

人が途方もないストレスにさらされたとき、口の中はからからに渇き、眼球の表面も乾きます。唾液の減少によって、物を飲みこむことも、しゃべることもままならなくなり、乾いた目を涙で潤すために、まばたきも多くなります。ドライアイ症候群やコンタクトレンズのトラブル以外で、私がまばたきの増加を実感するのは、人びとが嘘をついているときです。

また、体に「闘争・逃走反応」が起こり、コルチゾールが放出されると、急激に血行がよくなり、顔や首がかゆくなることがあります。このため、ストレスにさらされると、私たちは目の下や鼻のあたりをよく触るようになります。

講習生を教えるとき、私は前出のランス・アームストロング選手や、アンソニー・ウィーナー、ジョディ・アリアス、クリス・ワッツといった、有名な嘘つきたちの映像を見せています。彼らはみな、話すときに顔をよく触っています。嘘をつくことによるストレスにさらされているからです。しかし、相手が嘘つきかどうか確信が持てないときは、どうすればいいのでしょうか？　このようなストレスの兆候を目にしたとき、それらが嘘によるものかどうかを、どう見わければいいのでしょうか？　答えは簡単です。「言葉」と「ボディランゲージ」の双方に嘘のサインが見られれば、相手は嘘つきということになります。最も信頼度が高い「嘘のサイン」は「つじつまの合わない言動」です。

最も信頼度の高い「嘘のサイン」

ここでの「つじつまの合わない言動」とは、「言葉」と「ボディランゲージ」が矛盾していることを意味します。いくつか例をあげてみましょう。

つじつまの合わない「肩をすくめる動作」

例えば対象者が「なぜ自分が犯人だと言われるのか見当がつきませんよ」と言いながら肩をすくめたとします。肩をすくめる動作は通常「困惑」「疑惑」「驚き」といった意味を表します。「見当がつきません」と言いながら肩をすくめるのは自然な動作です。この場合、言葉とボディランゲージのあいだに矛盾はありません。一方、対象者が「私は何が起きたのか、ちゃんと知っていますよ」と言いながら肩をすくめたとしたら、要注意です。これは、自分自身の発言を疑っている動作だからです。この場合は、相手の発言を疑うべきでしょう。

つじつまの合わない「閉じた《クローズド》ボディランゲージ」

例えば対象者が、腕を組み、足首を交差させ、背中を丸めながら、「あなたとそれについてオープンに話しあいたいと思います」と言ったとします。これらの３つの仕草は「あなたとオープンに話したくない」と告げています。彼らの体はすっかり「閉じて」しまっているからです。もし彼らがデリケートな話題をオープンに話しあいたいのなら、もっと「開いた」姿勢を取るはずです。

　姿勢だけでなく、手の動きもまた、重要なボディランゲージの要素です。手のひらを見せながら話すのは、率直さや誠実さの表れです。一方、手のひらを隠したり、内側に向けたりしている人は、閉鎖的で誠実さに欠けている可能性があります。

つじつまの合わない「首を振る動作」

　ほとんどの文化において、うなずくことは「イエス」を意味し、首を横に振ることは「ノー」を意味しています。「それはいいアイデアですね」と言いながら首を横に振っている人がいたら、本当はそのアイデアが気に入らないのかもしれません。２００６年、ＮＢＣのニュース番組『デイトライン』で、歌手ブリトニー・スピアーズのスペシャルインタビューが放映されました。このインタビュー中に、キャスターのマット・ラウアーは、ブリトニーに向かって「タブロイド誌の表紙に『妊娠中に離婚危機』という文字が踊るのを見て、あなたは……」と話しはじめました。するとブリトニーは彼の話をさえぎり、「いいえ、その話はまったくのでたらめよ」と言いました。しかし彼女はこのとき、口では「ノー」と言いながら、まるで「イエス」と言わんばかりにうなずいていたのです。ブリトニーはまた、悲しみや軽蔑、怒りなどを表現するときに、それらの感情と矛盾した表情を浮かべているときがありました。例えば、心からの悲しみの表情をすべき場面で、下唇を突きだし、口角を下げていたのです。もし何も後ろめたいところがなかったのなら、なぜ彼女は「いいえ」と言いながらうなずいたり、感情にそぐわない表情を浮かべたりしたのでしょうか？（離婚を否定したこのインタビューのわずか数か月後に、ブリトニーは離婚しています。一連の動画はユーチューブで見ることができます）

動画はこちらから

Dateline Special Interview with Britney Spears | Part 01
http://www.youtube.com/watch?v=XPbqNReDETo

つじつまの合わない「表情」

心理学者のポール・エクマンは、感情と表情の研究の先駆者です。彼は人の表情が、文化や人種を問わず普遍的であることを明らかにしました。また、「本当の感情」と「偽装された感情」は、それぞれ違った形で顔に表れることを突きとめました。偽装された感情の場合、本当の感情よりも、表情の持続時間が長くなるのです。また、人が感情を偽装して他人をだまそうとするときにも、0・5秒以下という短時間だけ、本当の感情が顔に表れてしまうのだそうです。彼はこうした一瞬の表情を「微表情（micro-expression）」と呼んでいます。しかしそれを見わけるには、細心の注意を払わなければなりません。そして、正確に読み取る必要があります。相手のそれは、偽装された感情でしょうか？　例えば、相手が「それはいいアイデアだね」と言いながら、ほんの一瞬だけ、嫌悪の表情（「鼻にしわを寄せる」「唇をゆがめる」など）を浮かべた場合、相手はあなたのアイデアを嫌っていることになります。また、相手が

「あなたがそのような決断をした理由は理解できます」と言いながら疑念の表情（「眉をひそめる」「眉を上げる」「目を細める」「視線を上げる」「横を見る」「首をかしげる」「唇をすぼめる」など）を浮かべた場合、相手はあなたの決断に賛成していない可能性があります。

　ここからは「軽蔑」という感情に注目してみたいと思います。軽蔑とは、他者を卑しいもの、下等なものとして、さげすむことを意味します。自分が相手よりも優位に立っていると思ったとき、世間から称賛されていると感じたとき、嘘がばれずにすんだと思ったとき、人は軽蔑の表情（半笑い、せせら笑い）を浮かべます。長年にわたって対象者を尋問したり、映像を分析したりした経験から、私はあることを学びました。ほとんどの人は、嘘をついたあとに、軽蔑の表情を一瞬浮かべるのです。

　皆さんの多くはクリス・ワッツという名前に聞き覚えがあるでしょう。２０１８年8月13日、彼は、妻のシャナンと2人の幼い娘（ベラとセレステ）の、計3人を殺害しました。ワッツは2日後に逮捕され、3件の第一級殺人罪で起訴されました。現在は5つの終身刑に服しています。事件の翌日、ワッツは地元のテレビ局の取材に応じています。そのときの映像を見て、私は彼が嘘をついていると即座にわかりました。彼はインタビューのあいだに、軽蔑の表情である「半笑い」をしばしば浮かべ、肩をすくめたり、首を横に振ったりしていたのです。インタビュー開始から1分あまり経ったころに、記者がワッツに娘の名前を尋ねました。すると彼は「ベラとセレステ」と答えながら、長めのまばたきをし、軽蔑の表情を一瞬浮かべました。長めのまばたきは、何かを思い浮かべようとしていたり、感情を遮断しようとしていたりすることの表れです。それはまた、ネガティブな感情をいだいているしるしでもあります。相手をだまそうとする直前にも、長めのまばたきが見られることがあります。このときワッツが見せた軽蔑の表情は、彼が娘に関する何らかの情報を隠していることを示唆していたと思われます。実際、彼は娘の殺害を隠蔽していたのですから。

また、「舌を出すような動作」にも注意が必要です。幼いころ、嫌いな相手に向かって、あかんべをした覚えのある人もいるでしょう。大人もまた、目立たない形で、同じことをしています。怒りや不快感を覚えたとき、人は唇をぎゅっと結ぶだけでなく、舌を出して強い拒否感を表すことがあります。舌を出すことは、口に出せない不満や嫌悪、疑念、不服を表す世界共通のボディランゲージなのです。唇の乾燥を潤すために舌でなめている場合を除いて、もしも相手が舌を出していたとしたら、その人は、あなたや、あなたの発言を気に入っていないのかもしれません。

嘘を信じこませるためのボディランゲージ

私は「嘘つきは情報を信じこませ《コンビンス》、真実を語る人は情報を伝える《コンベイ》」という言葉をモットーにしています。次章では、嘘を信じこませるための「言葉」について学ぶ予定です。ここでは、嘘を信じこませるための「ボディランゲージ」について説明したいと思います。

嘘つきは、話しながら指を差すことで嘘を信じこませようとします。ビル・クリントン大統領（当時）が記者会見の席で、指を差しながら「私はあの女性、ミス・ルインスキーと性的関係を持ったことはありません」と言っているシーンをあなたも見たことがあるでしょう。このとき、彼の話すスピードは劇的に遅くなっています。これもまた、相手を信じこませるためのテクニックです。嘘をついたせいでケンカ腰の姿勢になったときなど、人は話しながら指を差すことによって相手を脅し、無理やり嘘を信じこませようとするものです。

もう1つの嘘を信じこませるためのボディランゲージは、手のひらを上に向けて両手を差し出すポーズです。このジェスチャーは、まるで「お願いですから私を信じてください」と言っているように見えます。もちろん、このポーズを取る人のすべてが嘘をついているわけではありません。しかし、その他の「嘘を信じこませるためのジェスチャー」や「嘘のサイン」が伴っている場合、彼らはおそらく、あなたをだまそうとしているはずです。

手のひらを合わせたポーズは、より「切実な願い」を表しています。指を上に向ければ合掌のポーズ（「どうか私を傷つけないでください」の意）になります。ときには、合わせた両手を相手に突きだすポーズを取る人もいます。

嘘つきの中には、目の動きで嘘がばれる可能性があるのを知っている者もいます。彼らは目をそらす代わりに（面と向かって嘘をつきたくなくて目をそらす人が多いからです）、相手から視線をいっさい外さず、にらみつけてきます。しかし、こうした強制的なアイコンタクトは、非常に不自然な印象を相手に与えることになります。

ボディランゲージに関する結論

ボディランゲージを正確に読み取るのは難しく、高い集中力を必要とします。嘘のサインになりうるジェスチャーの中には、誠実な人もよく使うものがたくさんあるからです。しかし、次の3つのステップを踏むことによって、嘘を正確に見抜けるようになります。第1に、対象者の振る舞いのベースライン（基準値）を特定します。第2に、複数の「嘘のサイン」を探し出します。第3に、その場の状況を考慮に入れます。

尋問にのぞむ人びとは、たとえ嘘をついていなかったとしても、緊張で硬くなるものです。不安やストレスの兆候が見えたからといって、彼らが嘘をついていると早とちりしないようにしましょう。あなたが見きわめるべきなのは「嘘のサイン」です。「つじつまの合わない言動」を探し出し、相手が本当に嘘をついているかどうか突きとめてください。

本章の締めくくりとして、私が研修中に体験した、あるエピソードを紹介したいと思います。私はボディランゲージ研究所において、主宰者のジャニーン・ドライヴァーとともに、1週間にわたる集中的なトレーナー研修のインストラクターを務めることになっていました。研修の最終日に、ロブという名前の参加者が「ホットシート」に座り、2通りの話を語ることになりました。そのうちの1つは作り話です。参加者はどちらが嘘かを見きわめなければなりません。私はロブのほうに注意を払いつつ、ノートパソコンで作業をしていました。残りの参加者たちは、ロブに本題とは関係のない質問を投げかけ、彼の言語／非言語行動のベースラインを特定しています。

数分間の雑談によってリラックスしたロブは、司会者の合図で話を披露しはじめました。ロブの話に耳を傾けながら、時々ちらりと目を上げて彼を観察しているうちに、私はたちまちいくつかの問題点に気づき、2番目の話が作り話だと確信しました。2番目の話を語りはじめるとき、ロブの話すスピードはベースラインと比較して劇的に遅くなり、声も小さくなりました。あまりの落差に、思わず顔を上げて彼に注目したほどでした。やがて、ロブは嫌悪の表情を浮かべはじめました。楽しい話をしているはずなのに、ネガティブな感情を味わっているかのような様子を見せたのです。彼の腕はほとんど動いていませんでした。この点は、最初の話の時とは対照的でした。そしてついに、彼は決定的なひと言を発しました。「私はバスケットボール選手としてNBA入りを目指していました。それはみんなの夢でしたから」――。もしそれが本当に彼の夢だったら、「私の夢でしたから」と言っていたはずです。

私はみずからの結論の正しさを確認するために、尋問役を引きうけました。ロブに1番目の話（本当の話）について質問したとき、彼は私がその話の信憑性を疑っていると思ったらしく、回答するときに軽蔑の表情を浮かべはじめました。通常、軽蔑の表情は嘘をついていることの表れです。しかしこの場合、嘘をついていないはずの彼が軽蔑の表情を浮かべたのは、至極もっともな話でした。ロブは私をまんまとだますことができたと思ったのです！　彼は私より優位に立った気分になっていたのでした。ちなみに、その「1番目の話」とは、ロブがマイケル・ジョーダンやケビン・ベーコンとコマーシャルで共演したことがあるという話でした。いったい誰がそんな話を信じるでしょうか？

参加者の答えは2つに分かれました。私は当初の選択通り、2番目の話が嘘だと答えました。マイケル・ジョーダンやケビン・ベーコンとの共演なんてありえないと思いつつも、2番目の話を語っていたときのほうが、圧倒的に「嘘のサイン」の数が多かったからです。そして、私の推測は見事に的中しました。

ときには自分自身を疑ってしまうこともあるものの、私は常に2つの原点――「自分の判断について後悔しない」「嘘の検知の背後にある科学を信じる」――に立ち返るように心がけています。

「ボディランゲージと言葉を、夫婦として添い遂げさせましょう。不実を働いている場合、両者はバラバラになります」

――レナ・シスコ

エクササイズ

まず、ユーチューブでクリス・ワッツ（本文で紹介した、妻と2人の娘を殺害した男）の、このインタビュー動画を見てください。

動画はこちらから

RAW: Chris Watts, husband of missing Frederick woman, interviewed by Denver7's Tomas Hoppough
http://www.youtube.com/watch?v=ugoYkx04E2Q

1分35秒まで動画を確認したあと、彼が見せた、ストレスや嘘の非言語的なサイン（ボディランゲージ）を、すべて書き出しましょう。解答例は巻末の付録Cに記載されています。

第12章

偽りの発言や返答

コミュニケーションのうちの93％は非言語情報であり、言語情報は7％にすぎないという話を聞いたことがありますか？　あなたはこの説を支持しますか？　たいていの人は「はい」と答えるでしょう。ではこれから、こうした説が生まれた経緯について説明したいと思います。皆さんの中には、それを聞いて驚く人もいるかもしれません。１９７１年、心理学者のアルバート・メラビアンは、コミュニケーションに関する、ある実験において、これらの数字の正確さを証明しました。しかし彼が行った実験は、あらゆるコミュニケーションの状況に当てはまるものではなく、そのデータは、しばしば誤解されています。ChangingMinds.orgに掲載されている彼の実験の要約を以下に示します。

彼は、９つの言葉（３つの「好意」のニュアンスを持つ言葉〔honey, dear, thanks〕、３つの「中立」のニュアンスを持つ言葉〔maybe, really, oh〕、および３つの「嫌悪」のニュアンスを持つ言葉〔don't, brute, terrible）の録音音声を被験者に聞かせることにしました。これらの言葉は、それぞれ「好意」「中立」「嫌悪」をイメージさせる3通りの口調で録音されていました。さらに「好意」「中立」「嫌悪」の表情をした顔写真も1枚ずつ用意されました。被験者は、これらの「写真」と「録音音声」をさまざまな組み合わせで提示され、「好意」「中立」「嫌悪」のうちの、どの印象を抱いたかを聞かれました。

　彼のこの実験から、メッセージを伝える上で「表情」が最も大きな影響力を持っており、次いで「口調」の影響が大きく、「言葉」そのものの影響は最も小さいことがわかりました。こうして彼は、コミュニケーションは「言語情報」「聴覚情報」「視覚情報」の3つの要素から成り立っており、メッセージ伝達における影響力の割合は、言語情報が7％、聴覚情報が38％、視覚情報が55％であるという結論を出したのです。このうち、非言語コミュニケーションである聴覚情報と視覚情報の割合を足すと93％に達します。彼の研究成果は、メッセージ伝達において非言語コミュニケーションが最も重要な位置を占めていることを証明しています。とはいえ、彼が導き出した法則が当てはまるのは、ごく限られた状況のみです。実際、彼自身が以下のように述べています。「言語／非言語メッセージの相対的重要性に関するこうした等式は、感情や態度（好き・嫌い）の伝達を扱う実験から導き出されたものである。話者が感情や態度について語っているとき以外は、これらの等式は適用できない」

　このメラビアンの研究は、言語／非言語コミュニケーションの割合に関して行われた唯一の統計的研究であるため、人びとは「人間のあらゆるコミュニケーションのうち、93％が非言語的であり、言語によるコミュニケーションは7％にすぎない」という誤った思いこみをするようになりました。そしてこの「メラビアンの法則」の誤用のせいで、多くの人は、言語情報よりも非言語情報のほうに、より多くの「嘘のサイン」が見られるのではないかと考えています。そのため、嘘のサインを探す際に、言葉よりもボディランゲージのほうを、つい重視してしまう傾向があります。

本書のテーマは「本音を引き出すこと」であり、そのためには相手の言葉が嘘か本音かを見きわめることが不可欠になります。また、本書の焦点は面接（尋問）であるため、これから現実の面接（尋問）における返答例をあげ、それらを分析することによって、隠されたメッセージを暴いていきたいと思います。あなたも、この種の返答を、必ずどこかで耳にした覚えがあるはずです。なぜなら、嘘つきはみな、似たような話し方をするからです。本章を読めば、まるで専門家のように「発言分析（ステイトメント・アナリシス）」を実施できるようになるでしょう。「発言分析（ステイトメント・アナリシス）」とは、マーク・マクリッシュが生み出した造語です。彼は元シークレットサービスのエージェントで、「アドバンスト・インタビューイング・コンセプツ」という会社を設立しています。２０２０年、私はエリック・ハンリーのポッドキャスト番組『アンストラクチャード』において、マクリッシュと共演する機会を得ました。彼は私よりもずっと前から「発言分析」を行っていた大先輩です。本書を執筆する際にも、あらためて彼に取材を行いました。これから折に触れて、彼の専門知識の一部を皆さんに紹介していきたいと思います。

本章では、嘘つきに特有の話し方や、答えたくない質問への典型的な返答を学んでいきます。まずは嘘つきによく見られる8つの話し方——「フォーマルな言い回しを使う」（調査研究において私自身が発見した傾向です）「物事を矮小化する」「自分自身を嘘から切り離す」「大げさな言い回しで嘘を押しつける」「婉曲表現を使う」「『決めつけ言葉』を使う」「曖昧な受け答えをする」「即興的にストーリーをでっちあげる」について考察したいと思います。また、以下のような言語的な「嘘のサイン」——「フラッフ」（私自身が作りだした用語。あたかも協力的であるかのように見せかけるための、意味のない話のこと）、

「余分な言葉」「繰り返し」「人称代名詞の省略」「受け身の使用」についても取り上げる予定です。

新型コロナウィルスの感染が拡大していたころ、私は他の3人の女性とともに「プロファイラー・タスクフォース」というチームを結成しました。4人のメンバーはすべて、人間行動に関する専門家です。それぞれがボディランゲージや筆跡鑑定、尋問といった分野でのトップランナーでした。尋問官である私には、さまざまな発言を分析し、嘘か本音かを見きわめる役割がありました。このころ私は、自分自身を「言葉オタク」と呼ぶようになっていました。言葉を分析し、隠された意味を読み取るのが大好きだからです。ではまず、言葉の重要性について説明したいと思います。

言葉は通常、意図的に発せられるものですが、無意識のうちに口から出てしまうときもあります。私が言いたいのは、ほとんどの話者は、知らず知らずのうちに秘密を漏らしているということです。ペンシルベニア州立大アメフト部の元アシスタントコーチで性犯罪者のジェリー・サンダスキーはその好例です。2011年、少年への性的虐待の罪で刑務所に送られる前に、サンダスキーは『ニューヨーク・タイムズ』紙のジョー・ベッカーのインタビューに応じています。このインタビューにおいて、ベッカーは次のような質問をしました。「性的虐待の申し立てが行われたあと、体育局長のティム・カーリーはあなたにどのような制限を課しましたか?」。サンダスキーはこう答えました。「私はもう彼らのワークアウトには関与できないと言われました。それでこう頼んだのです。『せめて彼らのワークアウトだけでも担当できませんか?』と」。このとき、サンダスキーが「ワークアウト」という言葉を2通りの意味で使っていたのは明らかです。彼は「せめてワークアウトだけでも」という言い回しを用いています。「せめて〜だけでも」は「最低限の希望」を表す表現であり、ここではそのあとに「彼らのワークアウト」という言葉が来ています。つまり、1番目の「ワークアウト」は彼らに性的虐待を加えることを意味し、「せめて〜」

の2番目のほうは単に「トレーニング」を意味していたのでしょうか？　正確なところはわかりませんが、サンダスキーが同じ言葉を2度使ったことには、何らかの理由があったはずです。思うに、彼は「性的虐待」と「トレーニング」を同じものと見なしており、そのどちらも、違法でもなければ、モラルに反するものでもないと考えていたのではないでしょうか。

言葉の選択には「意識」と「無意識」の両方が関わっており、人は知らず知らずのうちに秘密を漏らすものだということを忘れないでください。例えば、人身売買組織の一員と思われる人物に尋問を行っていたとします。密入国斡旋に関する質問をしているときに、彼はこう言います。「俺は絶対に子どもを国外に売り飛ばしたりしない。あれは現代の奴隷制だ。俺は子どもに決してそんなことはしない。俺にも子どもがいる。つまり俺は彼らを守っているんだ！」。さて、ここでまず第1に、彼は「売り飛ばしたことはない」ではなく、「絶対に売り飛ばしたりしない」（would never smuggle children）という言い方をしています。彼はまた、成人の人身売買については何も語っていません。もしかすると彼は、子どもが違法に国境を越えるのを手助けすることを「人身売買」ではなく、「子どもを祖国の悲惨な生活から保護すること」だと考えているのかもしれません。そこで尋問者としてあなたは、彼の「大人は売り飛ばし、子どもは『保護』している」という言い分について、問いただす必要があります。

なぜ私が「言葉」を嘘の検知における最重要ポイントと考えているか、そろそろ皆さんも理解しはじめたのではないでしょうか。多くの人は、嘘をつくときに、自分のボディランゲージを気にする傾向があります。私のような専門家が目を光らせているのは、そうした部分だと思っているからです。しかし、逆に言えば、たいていの人は嘘をつくときの言葉について無防備であり、常にみずからの発言をきっかけに嘘を露見させているのです。前述の通り、ボディランゲージと発言を照らしあわせることは、「つじつまの合わない言動」を突きとめる上で不可欠です。私の考えでは、こうした「つじつまの合わない言動」こそが、最も信頼度の高い「嘘のサイン」なのです。

嘘つきに見られる傾向

前章で説明したように、前もって準備した嘘を思い出さなければならないときや、その場で嘘を思いつかなければならないとき、人は心理的労力の増加のために、認知的過負荷におちいる可能性があります。質問される側が真実を隠したがっていたり、嘘で切り抜けようとしていたりするとき、彼らは嘘つきに特有の傾向を示しますが、これらの傾向には認知的過負荷が関与しています。まず思い出してほしいのは、人は嘘をつき、真実を隠蔽することを決心した瞬間に、本来の道筋から逸脱することを「選んで」しまったということです。しかし真実は常にそこにあり、それを漏らさないようにするためには、多くの労力が必要になります。そうした真実は、センテンスやフレーズの中にひっそりと隠れていることもあれば、別の言葉に置き換えられていることもあります。

嘘と本音を見きわめるための予備知識として、ここからは、嘘をついたり真実を隠蔽したりするときに人びとが見せる、典型的な反応や返答について説明したいと思います。

感情を置き忘れたり、置き場所を誤ったりする

第5章では「嘘を見抜く4つの質問」を紹介しました。その1つが「それについてどう感じましたか?」という問いです。正直な人は、そのときの気持ちを聞かせてくれます。一方、嘘つきは一瞬沈黙し、どう

答えるべきかを考えなければなりません。ですから、両者の答えには、明らかな違いがあります。感情表現によって嘘を見わけられるケースは他にもあります。「嘘のサイン」は、作り話に感情を「置き忘れた」ときだけでなく、感情の「置き場所を誤った」ときにも現れます。本当のことを語る場合、人は、出来事について説明している最中ではなく、説明し終わったときに感情を表現します。ドラマチックな場面の最中に感情表現が取り入れられているのは、それが作り話であることの表れです。

例：「I hurriedly ran downstairs.（私は焦って階段を下りました）」は〔嘘〕。「I ran downstairs in a hurry.（私は階段を下りました。とても気持ちが焦っていました）」は〔真実〕。

嘘が露見する瞬間

私はかつて、泣き止まない赤ちゃんを揺さぶって殺害した男の陳述書の一部を読んだことがあります。彼はこう書いていました。「私はなんとか泣きやませようとして息子を抱きあげました。彼は機嫌が悪く、ぎゃあぎゃあ泣いていました。なんとか赤ん坊をコントロールしようとしていると、彼は身をよじって私の腕をすり抜けました。彼の体が頭から地面に落ちたのはそのときでした」。では、この陳述書を分析し、嘘を暴いていきましょう。男はまず、「息子をなんとか泣きやませようとした（tried to stop him from crying）」と書いています。それは十中八九、赤ちゃんが泣きやまなかったことを意味しています。この陳述については特に問題はありません。男は続いて「彼は機嫌が悪く、ぎゃあぎゃあ泣いていました」と書いているからです。これは前言を裏づける陳述であり、赤ちゃんはまだ泣いていたことがわかります。次に男はこう書いています。「なんとか赤ん坊をコントロールしようとしていると、彼は身をよじって私の腕をすり抜けました」。この陳述には問題があります。男はここで再び「なんとか～しようとして

（trying to ～）」と書いているので、彼は息子をコントロールできなかったと推測できます。私が問いたいのは、男は具体的に何をコントロールしようとしていたのかという点です。それは赤ちゃんの泣き声でしょうか？　それとも何か他のことでしょうか？　そしていよいよ嘘が露見します。男はこう書いています。「彼の体が頭から地面に落ちたのはそのときでした」。何か変だと感じませんか？　男が赤ちゃんの名前を使わず、「彼の体（his body）」と書いたという事実は、赤ちゃんがすでに亡くなっていたか、無反応だったことを示唆していると思われます。私は数多くの殺人事件に取り組んできた経験から、人は相手が亡くなったとわかったとたんに、彼らを「生命のない物体」のように呼ぶことに気づいていました。この男は赤ちゃんを泣きやませようとして強く揺さぶり、脳に重度の損傷を負わせていたのでした。そのあげく、あたかも赤ちゃんが地面への落下によって頭部外傷を負ったかのように見せかけ、真実を隠蔽しようとしたのです。

　前述の人身売買の男のように、「私は絶対に～しない（would never do something）」という言葉は、「私は～していない」ことを意味するわけではありません。また、「～する必要があった（had to do something）」という言葉は、その人が「～した」ことを意味するわけではないのです。ある時、私の姪がこう言いました。「新しいボーイフレンドに、前の彼女と別れる決心をしたって言われたの」。私はその男と別れるように命じました。「別れる決心をしたのは本当かもしれないけれど、実はまだつきあっている可能性もあるわ。二股をかけているのかもしれないわよ」。そして、私の推測は当たっていました（姪は翌週にその男と別れています）。「～を決心した（decided）」と相手が言った場合、それはあくまで「決心した」だけであって、その行為が完遂されたわけではありません。「～を始めた（started）」「～しようとした（attempted）」についても同じことが言えます。これらの言葉は、ある行為への「意図」を示しているものの、「完了」を意味してるわけではないのです。
「〜を試みた（tried）」「〜を望んだ（wanted）」「〜を決心した（decided）」「〜を始めた（started）」「〜しようとした（attempted）」といった言葉はみな、ある行為に言及し、その「意図」があったことを示しています。しかし現実には、これらの行為はどれも「完了」してはいないのです。

文頭の「so（そういうわけで）」や「well（では）」

嘘つきもそうでない人も、「so（そういうわけで）」や「well（では）」といった言葉を、よく文頭に使います。これらは、直後に重要な発言が来ることを示唆する「前置き言葉」としての働きを持っています。そのあとに続くのは、前もって準備してきた嘘かもしれませんし、思いがけない回答（建設的な提案など）かもしれません。逆に、感情的な発言が飛び出す場合もあるでしょう。いずれにせよ、それらの「前置き言葉」は次に来る発言への注意をさりげなく喚起しています。

しかし、こうした言葉を「ペットワード」として常に口にしている人もいます。私自身もしょっちゅう「前置き言葉」を口にしている人間の一人です。そういうわけで、無実の人を嘘つき呼ばわりする羽目にならないように、あらかじめ相手の言葉づかいの「ベースライン」を特定しておくことの重要性を、ここで改めて強調しておきたいと思います。また、こうした「前置き言葉」を、相手の発言内容を吟味したり、次に何を言うか考えたりするための「時間かせぎ」の言葉として使うこともできます。その場合、次に来る発言は、必ずしも嘘とは限りません。

２０１０年、『サイコロジー・トゥデイ』誌のある記事において、元ＦＢＩ捜査官で心理学者のジャック・シェーファー教授は、「人が『well（では）』という言葉で文を始めるときは、嘘をついている可能性が高い」と述べています。なぜなら、この言葉は相手にとって予想外な答えが返ってくることを示唆しているからです。ただし、シェーファー教授によると、この説は「Ｙｅｓ／Ｎｏ疑問文」の回答のみに当てはまるのだそうです。

具体的な情報ではなく、漠然とした一般論を語る

具体的で詳細な情報を語るのを避けるために、嘘つきは物事を一般化し、「always（いつも）」「never（決して～ない）」「sometimes（時々）」「all the time（常に）」といった言葉をよく使う傾向があります。もしも対象者が（職務や地位、役割、人間関係などから考えて）詳しい事情を当然知っているはずなのに、あえて一般論を語ったとしたら、それはあなたに具体的な情報を打ちあけたくないことを示唆しています。

例えば、企業の展示会に参加していたとします。あなたは競合他社の担当者と出会い、会話を始めます。こうしたときも、相手は企業秘密を漏らすのを避けるために、一般論を語ろうとする可能性があります。あなたは彼に聞きます。「新しいソフトウェアに何か問題点があったのですか?」。それに対して、彼はこう、はぐらかすかもしれません。「新規のソフトウェアにありがちな、いつもの不具合ですよ」

一方、例えばあなたが、養育権争いをしている母親の調停委員に尋問を行っていたとします。あなたは彼女に尋ねます。「ルーシーが子育てへの積極性を示した実例をいくつかあげてください」。すると調停委員はこう答えます。「ルーシーは理想的な母親です。彼女は娘のことを何よりも愛しています」。これでは、ルーシーと他の母親の違いがまったくわかりません。あなたは調停委員が実際に目の当たりにした具体的な事例を、さらに聞き出す必要があります。

また、セールスの世界では、こうした一般論を語ることによって、顧客を失う恐れがあります。顧客は、あなたが曖昧な話し方をするのは具体的な経験に欠けているからだと思うかもしれません。みずからの発言への自信を示さなければ、相手の信用を失う可能性があります。自分自身を信頼できなければ、顧客に信頼してもらうことはできません。具体的な統計データを提示し、そのデータを保証しましょう。

質問への回答を拒否する

ドリュー・ピーターソンは、２００９年に逮捕される以前に、数多くの取材に答えています（彼は３人目の妻の殺害で有罪判決を受けており、４人目の妻であるステイシーは現在も行方不明のままです）。ここで取り上げるのは、ＡＢＣの放送ジャーナリスト、バーバラ・ピントによるインタビューです。このインタビューで、バーバラは次のように尋ねています。「あなたはステイシーが子どもたちを置いてどこかへ行ってしまうような人間だと思いますか？」。ドリューはその質問には答えずに、こう言いました。「あなたは本当に他人を理解できているんですか？」

何か隠しごとがある人は、質問に対して質問で答えたり、相手の質問をおうむ返ししたり、なぜそんな質問をするのかと尋ねたりします。もし私がインタビュアーだったら、こう切り返します。「もう一度、おうかがいします。なぜステイシーは、子どもたちを置いてどこかへ行ってしまったのでしょうか？」

私は対象者に答えるチャンスを3回与えます。3回目に回答を拒絶された場合、私は彼と真っ向から対峙し、穏やかにこう尋ねます。「私は同じ質問を3回、尋ねています。質問に答えないのは、何か理由があるのですか？」。そして、静かに彼らの返答を待ちます。

嘘つきによく見られる8つの話し方

ここからは、前述した嘘つきによく見られる8つの話し方――「フォーマルな言い回しを使う」「物事を矮小化する」「自分自身を嘘から切り離す」「大げさな言い回しで嘘を押しつける」「婉曲表現を使う」「『決めつけ言葉』を使う」「曖昧な受け答えをする」「即興的にストーリーをでっちあげる」について考察していきたいと思います。

フォーマルな言い回しを使う

２０１５年、６０００人以上の税関・国境警備隊員に対して研修を行っているときに、私はこの「嘘つきに特有の話し方」を発見しました。あるエクササイズにおいて、研修生の代表者が全員の前に座り、2つの話を披露することになりました。そのうちの1つは作り話です。残りの研修生は、どちらの話が嘘かを見きわめるという課題を与えられました。私は、彼らが嘘をついているときに、「思い出す（remember）」ではなく「想起する（recall）」のような、改まった言葉を使う傾向があると気づきました。一方、本当の話をしているときには、「想起できない」ではなく、「思い出せない」のようなシンプルな言葉を使うことが多くなるのです。彼らはまた、「勤め先」→「就労場所」、「お金がもらえる」→「報酬を伴う」といった、フォーマルな言い換えをよく使っていました。私には、まるで彼らが改まった言葉づかいによって嘘を無理やり信じこませようとしているように見えました。

オックスフォード英語辞典によれば、「フォーマル」とは「慣習や礼儀作法にのっとって行われている」

ことを意味しています。作り話を信じこませるための一つの手段として、嘘つきはフォーマルな言葉を使うことで、自分の発言の信憑性を高めようとします。自分たちはきちんと「慣習や礼儀作法にのっとって」真実を語っているのだと思わせようとするのです。彼らは、洗練された話し方をすれば嘘を信じてもらえると考えているように見えます。教養があるような印象を与えれば、話の真実味が増すと思いこんでいるのです。

ここでもまず最初に、対象者の言葉づかいの「ベースライン」を特定することを忘れないでください。中には嘘をついていないときでもフォーマルな言葉を使う傾向のある人もいるからです。例えば、法執行機関において私が出会った人物はみな、「想起する（recall）」という言葉をよく使います。それは彼らに特有のボキャブラリーなのです。

物事を矮小化する

「物事を矮小化する言葉づかい」を見きわめる最も簡単な方法は、「ただ～しただけ（just／only）」という言い方に注目することです。相手が「ただ～しただけ（just／only）」を使ってみずからの行動を矮小化している場合、彼らは発言内容以上のことを陰で行っている可能性があります。例えば、いつもより長い昼休みを取った同僚が「僕はただマクドナルドに行って戻ってきただけだよ」と言った場合、彼は自分の行動を「過少報告」しているかもしれません。もしかすると、実際はマクドナルドに行った「だけ」ではないかもしれないのです。もちろん、こういう言い方をする人が、みな嘘をついているわけではありません。しかし、これらの言葉を用いることは「情報の省略」という形で嘘をついている可能性を示唆しているのです。こうした矮小化は、口論を避けるためにも使われます。

人はよく、「たいしたことじゃありませんから」という言葉によって争いを未然に防ごうとします。一方で、損失防止（従業員の窃盗などを防ぐこと）に関する内部監査の場面では、次のような「物事を矮小化する言葉づかい」が見られるかもしれません。例えば、あなたが監査チームの一員で、窃盗の前科のある女性従業員を面接していたとします。あなたは彼女に尋ねます。「なぜマネージャーに連絡する前に入荷商品の箱を開けたのですか？」。彼女はこう答えます。「私はただ、ちゃんと商品が届いたかどうか確認したかっただけです」。私はこの従業員が嘘つきだと決めつけているわけではありません。しかし、彼女が「物事を矮小化する言葉づかい」を用いているのは確かです。したがって、あなたには、彼女が何をどんな理由で矮小化しようとしたのかを突きとめる責任があります。嘘つきだと疑われていると思った彼女は、よこしまな理由で箱を開けたわけではないと、正直にあなたに伝えようとしたのでしょうか？　それとも、彼女が箱を開けた背景には、秘められた別の理由があったのでしょうか？

自分自身を嘘から切り離す

嘘つきは、嘘とそれにまつわる人や物事から、できるだけ距離を置こうとします。すでに説明したように、大半の人は嘘をつくことに気まずさを覚えており、人を欺くことには、往々にしてストレスや不安、罪悪感、恥の意識が伴います。したがって、嘘をついているとき、人は自分自身を嘘から切り離すような言い回しを使いたがる傾向があります。例えば、ビル・クリントン大統領（当時）が、悪名高い記者会見において、モニカ・ルインスキーを「あの女性（that woman）」と呼んだとき（「私はあの女性、ミス・ルインスキーと性的関係を持ったことはありません」）、彼は自分自身をルインスキーという女性から切り離したがっていました。しかし、長年にわたって尋問官を務め、刑事事件に関して法執行機関を支援してきた経験から、私はあることに気づきました。自分が殺した人間や、すでに殺されていることがわかっている人間に言及するとき、人は彼らを「過去形」で語ろうとするのです。彼らはこうした形で、犯罪にまつわる人物から距離を置こうとしているのでした。

ここで、現在も未解決のジョンベネ・ラムジー殺害事件について、再び取り上げたいと思います。1996年、母親のパッツィー・ラムジーいわく、ジョンベネが行方不明になった日の朝に、彼女は911番（緊急電話番号）に通報しています。この通話の記録音声によると、911のオペレーターはまずこう呼びかけています。「お名前をお願いします。あなたは――」。するとパッツィーは相手の話をさえぎってこう答えます。「パッツィー・ラムジー、母親です（I'm the mother.）」。「the mother」？　なぜ「I'm her mother」と言わないのでしょうか。これは典型的な「自分自身を嘘から切り離す言葉づかい」です。彼女はジョンベネの殺害に関与しており（少なくとも私はそう考えています）、このとき、娘がすでに亡くなっていることを知っていました。だからこそ、パッツィーは自分自身を犯罪やその被害者から切り離したがっていたのです。

このような冠詞の「a」と「the」は、皆さんが思っている以上に多くのメッセージを伝えています。「自分自身を嘘から切り離す言葉づかい」のもう1つの例は、この「定冠詞」と「不定冠詞」の使い方に関わるものです。

定冠詞の「the」は、既知の人や場所、物事の前に置かれます。一方、不定冠詞の「a」が使われているときは、その名詞は未知のものということになります。例えば、尋問中に対象者が「彼は銃を私に向けた（He pointed the gun at me.）」と言ったとします。その場合、対象者は供述の中ですでにその銃に言及していたか、その銃に関する知識があったかのどちらかのはずです。もし彼が「He pointed a gun at me.」と言った場合、その銃が未知のものであったか、まだ言及されていなかったかのどちらかになります。

一方、対象者が供述の中でまだ触れていない人物を既知の存在として扱った場合は問題が出てきます。例えば、あなたが強盗の被害者の取調べを行っている刑事だったとします。被害者は夫で、誰かが自宅に侵入し、彼に銃を突きつけ、妻の高価な宝石を盗んだと主張しています。もし夫が「ある男（a man）が自宅に侵入し、私に銃を突きつけ、妻の宝石を盗んだ」と言ったのなら、彼は真実を語っているかもしれません。しかし、もし夫が「その男（the man）が自宅に侵入し、私に銃を突きつけ、妻の宝石を盗んだ」と言ったとすれば、彼はこの男と知りあいだったことになります（保険金目的で強盗を装うケースは決してめずらしくありません）。

いったん言及された人物や物事については、その後は「the」を使う必要があります。「私がバス停に立っていると、ある男（a man）が近づいてきて時間を尋ねました。その男（the man）はさらに私に銃を突きつけ、財布を出せと言ってきたのです」。この文章では、語り手はまず「ある男（a man）」に言及し、その後は「その男（the man）」という表現を使っています。これは文法に従った文章であり、ここに嘘のサインは見られません。しかし、もし彼らが既知の存在に対して「the」を使うことを拒んだとしたら、それは「自分自身を嘘から切り離す言葉づかい」になるのです。

２００８年、前述のドリュー・ピーターソン（3人目の妻を殺害し、4人目の妻は行方不明）は、ラリー・キングとのインタビューにおいて、この「自分自身を嘘から切り離す言葉づかい」の好例を提供しています。以下の動画をご覧ください。

動画は
こちらから

Drew Peterson Challenge
https://www.youtube.com/watch?v=c_PRGT8N8YE

このインタビューで妻の失踪について聞かれたドリューは、次のように答えています。「ご存じの通り、私は警察官で、電話会社や電力会社の従業員ではありません。警察官として、われわれは、そうした普通の人と同じ能力（the same ability）を持っていません。DVに関与し、妻（a wife）に暴力を振るったら、職を失ってしまいます」。まず、電話会社や電力会社の従業員には、DVに関与する「能力」があるなんて、皆さんは知っていましたか？　もしこれが周知の事実でなければ、「the」を使うべきではないはずです。本章の初めに述べたことを思い出してください。言葉の背後には、さまざまなメッセージが隠れています。なぜ彼はこのような発言をしたのでしょうか？　またドリューは「my wife」ではなく「a wife」という表現を使っています。もしかすると、彼は「過去や未来の妻たち」について語っているのかもしれませんが、いずれにせよ、この表現は不自然だと言えます。なぜ彼は自分自身を「妻」という言葉から切り離そうとしたのでしょうか。ましてや、これは、その妻の失踪に関するインタビューなのです。

これ以外にも、自分の配偶者や結婚生活について話すときに、定冠詞付きの「the wife」「the husband」「the marriage」という表現を使っている人を見たことがあります。彼らは、自分の配偶者や結婚生活から（心理的・物理的な）距離を置きたいと思っているのでしょう。もしも交際中に、相手が自分たちの恋愛関係を「the relationship」などと呼んでいたら、話しあいが必要です。相手はあなたと距離を置きたがっているのかもしれません。人は、不安を感じさせる物事から、なるべく自分自身を切り離したがるものなのです。

大げさな言い回しで嘘を押しつける

真実を語る人が情報を伝える《コンベイ》のに対し、嘘つきは情報を信じこませ《コンビンス》ようとします。「嘘を信じこませる戦術」には、言語的／非言語的な要素があることはすでに説明しました。非言語的な要素としては、自分を大きく見せるような姿勢を取り、みずからの体が占めるスペースを広げようとする傾向があります。話しながら相手を指差したり、にらみつけるような強いアイコンタクトを取ってくる場合もあります。これらの行動はみな、自分の主張を押しつけたがっているしるしです。時として嘘つきは、自分自身に嘘を信じこませようとするような発言をします。

嘘を押しつけるときによく使われる言葉づかいが2つあります。1つめは非短縮形（「did not」「would not」「have not」「will not」「cannot」など）を使った否定文です。短縮形を使わない場合、話し手は発言内容を強調したり、自分の主張を信じこませようとしていたりする可能性があります。真実を語る人はたいてい短縮形を使いますが、嘘つきは非短縮形を使って嘘を押しつけようとすることがあるのです。ここで再びビル・クリントンの悪名高い発言を振り返ってみましょう。「私はあの女性、ミス・ルインスキーと性的関係を持ったことはありません（I - did - not - have - sexual - relations - with - that - woman - Miss - Lewinsky）」。クリントンは非短縮形の否定文を用いているだけでなく、話すスピードを落とし、指差しポーズをしています。これらはみな、嘘を信じこませようとしているサインです。

嘘を押しつけるときによく使われる2つめの言葉づかいは、Ｙｅｓ／Ｎｏ疑問文に対して「Never（そんなわけないでしょう）」や「Absolutely（もちろんです）」といった答え方をすることです。選択形式の質問を尋ねた場合、通常は「Yes（はい）」か「No（いいえ）」の回答が返ってきます。もし説明的な回答や、「Yes」や「No」の代わりとなる別の回答（「Never」や「Absolutely」など）が返ってきた場合、相手は嘘を信じこませようとしている可能性があります。人を欺くことには気まずさが伴うものであり、大半の人は嘘をつくときに不安を覚えます。したがって、嘘つきが嘘をつかなければならない場合には、Ｙｅｓ／Ｎｏ疑問文への回答を、たいてい避けたがるものなのです。確固たる「Yes」や「No」の回答を避けるために、嘘つきは「No（いいえ）」ではなく「Never（そんなわけないでしょう）」と答え、「Yes（はい）」ではなく「Absolutely（もちろんです）」や「100 percent（１００パーセントその通りです）」と答える傾向があるのです。

ツール・ド・フランス7連覇の偉業をなしとげたランス・アームストロングは、7年間にわたってドーピングを隠蔽しつづけてきました。ランスは宣誓下で尋問を受けたとき（オプラ・ウィンフリーとのインタビューでドーピングを告白する前のことです）、あるＹｅｓ／Ｎｏ疑問文に答えています。それは、一人の看護師と交わした会話の内容についての質問でした。この看護師は、彼がステロイドの使用を認めたと主張していました。この会話を否定するかどうか尋ねられたランスは、「もちろんですよ。１００パーセントそうです（Absolutely, 100 percent.）」と答えました。その質問とは「あなたはその……ミス・アンドリューがあなたによるものだと主張している、インディアナ大学病院での発言を否定しますか?」というものでした。ただ、これはひどくお粗末な質問です。わかりにくいだけでなく、誘導尋問でもあるからです。とはいえ、Ｙｅｓ／Ｎｏ疑問文である以上、ランスは「Yes（はい）」と答えるべきでした。しかし彼はそうしませんでした。ランスはまるで嘘を信じこませようとしているかのように、「もちろんですよ。１００パーセントそうです（Absolutely, 100 percent.）」と回答しました。しかも、彼はそう答えているあいだ、あたかもノーと言わんばかりに首を横に振っていたのです！　彼は「嘘のサイン」を同時に２つも示していたのでした。

婉曲表現を使う

人は婉曲表現を使うことによって、不快な状況や過酷な真実の深刻さを軽減しようとします。こうした言葉づかいは、丁寧で非難がましくない印象を与えます。しかし、尋問中に対象者が婉曲表現を使おうとするのは、嘘のサインである可能性があります。彼らは実際に起こった出来事の残酷さを隠蔽しようとしているかもしれないからです。このような言い回しをするのは、必ずしも嘘をついている証拠ではありませんが、すべて包み隠さず話しているわけではないことの表れかもしれません。『カップルズ・コート』〔訳注：不倫の訴訟を扱った裁判番組〕で私が訴訟当事者に対して「あなたは不貞を働きましたか？」と聞いたとき、彼らはよく「ちょっぴり浮気はしました（I messed around a bit.）」と答えていました。ここでの私の仕事は、「messed around（浮気をした）」が何を意味するかを突きとめることでした。そして、たいていそれはセックスを意味していました。

人は気まずいトピックについて語るときに、言葉をやわらげる傾向があります。例えば、誰かを解雇しなければならないとき、あなたはその知らせを「残念ながら、いとまを出さなければなりません（I have to let you go.）」のような婉曲表現で伝えるという選択をするかもしれません。その他の例として、「口論」→「意見の不一致」、「殴りあいのケンカをした」→「暴れた」、「押した」→「ぶつかった」などの言い換えがあります。こうした婉曲的な言い回しをする人は、現実に直面するのを拒んでいるのです。

　皆さんの大半は、おそらくアマンダ・ノックスの名前を耳にしたことがあるでしょう。彼女は交換留学先のイタリアのペルージャで、メレディス・カーチャーのルームメイトでした。カーチャーは殺害され、ノックスはイタリア人のボーイフレンドや、麻薬密売人のルディ・グエデとともに、主要な容疑者の一人になりました。ある時点でノックスはイタリア当局に対し、カーチャーが殺害されたときにアパートにいたことを認めましたが、のちに前言を撤回しています。２０１５年、ＤＮＡ鑑定に欠陥があったという理由で、ノックスは無罪となりました。一方、ルディ・グエデは殺人犯として有罪判決を受けています。２０１４年、ＣＮＮキャスターのクリス・クオモは、ノックスにインタビューを行い、この事件について質問しました。インタビューの中で、ノックスはこう語っています。「ルディ・グエデが罪を犯したかどうかに関して――結局有罪だったわけですが――彼の有罪の決め手となるのは、その……メレディスの体やその周囲から彼のＤＮＡが検出されていることや、血痕から彼の手形や足跡が採取されていることです。私に関するこうした証拠はいっさい存在しません。もし私が現場にいたら、メレディスの亡骸《なきがら》（broken body）の痕跡が私の体に付着しているでしょうし、私自身の痕跡がその……メレディスの遺骸（corpse）の周囲に残っているはずです。ですから、わた……私は現場にはいないわけです。このことは私の潔白を証明しています」。彼女は、メレディスの死体に言及する際に「亡骸（broken body）」や「遺骸（corpse）」といった婉曲表現を使っています。私はノックスが嘘をついていると言っているわけではありません。しかし、彼女は確かに殺害事件の残酷さを軽減しようとしています。

　すでに「発言分析」の達人になっている皆さんは、彼女の、婉曲的な言い回し以外の嘘のサインにも気づいたかもしれません。例えば、彼女が言葉に詰まりながら話していることや、「現在形」の使用などがそうです。通常、過去に起きた出来事を話すときは、「過去形」が使われます。現在形をあえて使うのは、それがたった今、でっちあげられた話であることを示唆している可能性があります。「発言分析」の専門家であるマーク・マクリッシュは「作り話をしているときは、記憶を頼りにできないため、言葉がつっかえることが多くなる」と述べています。記憶にもとづいた話であれば、過去形で、明瞭に語られるはずです。殺害事件に関与している人物は、現実に向きあうことができず、殺害を単なる死として扱おうとする傾向があります。最後に、質問に対する婉曲的な回答の例をいくつかあげておきましょう。

Q：「彼女が殺害された（murdered）とき、あなたはどこにいましたか？」
A：「彼女が亡くなった（passed）とき、私は家にいました」
Q：「元ボーイフレンドをナイフで何回、刺し（stab）ましたか？」
A：「私は彼を3回、攻撃した（hit）あと、逃走しました」
Q：「なぜ彼女を脅迫した（threaten）のですか？」
A：「私は彼女にそんなことをするなと警告した（warned）のです」

「決めつけ言葉」を使う

嘘のサインとしての「決めつけ言葉」を正確に見きわめるのは、やっかいな仕事です。なぜなら、多くの人がこうした言葉を日常会話に取り入れているからです。それらは前述の「ペットワード」として乱用されています。決めつけ言葉としてよく使われるのは「you know（ご存じのように、ほら）」「obviously（明らかに、当然）」「I already told you（すでに申し上げたように）」「you already know（ご存じと思いますが）」などです。こうした決めつけ言葉を使う人は、自分たちの誠実さが疑われるとは夢にも思っていません。例えば、あらゆる不正行為を否定している訴訟当事者に対して、私が「本当のことを話していますか?」と聞いたとき、彼らが「Obviously.（当然ですよ）」と答えたとします。これは「Yes.（はい）」という回答と同一ではありません。ここでの問題は、彼らの誠実さが、私にとっての「当然」ではないということです。この訴訟当事者が私の質問に対して「はい」と答えるか、「私は本当のことを話しています」と発言しない限り、彼らを信頼するわけにはいきません。

第5章で紹介したNFLの「デフレートゲート」疑惑を覚えているでしょうか? 規定よりも空気圧が低いボールを使うように依頼した疑いでトム・ブレイディが告発された事件です。当時の記者会見において、ある記者がブレイディにこう尋ねました。「あなた自身や、このチームの伝統にとって、誰かが責任を取ることは重要でしょうか?」。このときのブレイディの回答は、再読に値するものでした。「そうですね、それは、ほら（you know）、私はそういう種類の、責任を押しつける立場にはないじゃないですか（you know）、つまり、ほら（you know）、処分を決めたりするのは、それは、私の仕事というわけではないですよね（you know）、だから……」。さて、これは決めつけ言葉でしょうか? それともトムの「ペットワード」でしょうか? 残念ながら、私には知るよしもありません。なぜなら、彼のふだんの話し方の「ベースライン」を特定する機会がなかったからです。

曖昧な受け答えをする

自分の発言内容に確信が持てないとき、人は曖昧で弱気な言い回しを使います。彼らは嘘をついているときもあれば、そうでないときもあります。しかし、曖昧な言葉づかいは、疑念やごまかし、不誠実さなどを物語っている可能性があります。のらりくらりとした人物は、常に曖昧な言い回しを使いたがります。そうすれば、何か気まずいこと（例えば嘘など）について立場を明確にしなくてすむからです。対象者が尋問官の質問を避けたい場合、彼らはよく曖昧な受け答えをします。曖昧な言い回しの例としてあげられるのは、「kind of（ちょっと、何となく）」「I guess（たぶん〜と思う）」「perhaps（もしかすると）」「approximately（おおよそ）」「sort of（〜のような）」などです。例えば、あなたが私に「地球から国際宇宙ステーションまでの距離は何マイルですか?」と聞いた場合、私は「たぶん３００マイルくらいじゃないかな」と答えるでしょう。なにしろ正確な数字を知らないのですから。かつて『カップルズ・コート』の訴訟当事者の一人に対して、「なぜ彼女といっしょにいたいと思うのですか?」と聞いたとき、彼はこう答えました。「たぶん彼女を愛しているからじゃないかな（I guess I love her.）」。私は2人の関係がすでに終わっていることを確信しました。曖昧な表現には、ふさわしい時と場所があります。ふさわしいと言えるのは、情報があやふやな場合です。詳細な情報を知っているはずなのに曖昧な言い回しを使う場合、その人は何かしらの理由で明言を避けていることになります。中にはこうした煮え切らない返事をする際に、疑問文のような「語尾上げ口調」になる人もいます。

２０１３年11月、デイナ・モラレスという女性に関するショッキングなニュースが報じられました。ニュージャージー州ブリッジウォーターのレストラン「ギャロップ・エイジアン・ビストロ」でホールスタッフとして働く彼女は、ある家族から、彼女が同性愛者であることを理由にチップを拒否されたのです。その家族が残していったのはチップではなく、レシートに書かれた侮辱的な言葉でした。彼女はそのレシートの写真を撮り、フェイスブックに投稿しました。チップ欄には取り消し線が引かれ、その隣にこんな走り書きが写っていました。「申し訳ありませんが、あなたの生き方が気に入らないのでチップは払えません（I'm sorry, but I cannot tip because I do not agree with your lifestyle.）」（この走り書きについては、あとで分析を加える予定です。ちなみにwithが2回出てくるのは誤植ではありません）。
ご想像の通り、モラレスの投稿はネットで大反響を呼び、多くの人が彼女の受けた処遇に憤りを覚えました。モラレスは元海兵隊員で、無理解な客たちの蔑視に耐えながら、生活のために働きつづけており、そして今、彼女はチップを拒否され、心ない言葉を投げかけられたのです。ＮＢＣ４ニューヨークがこの話を聞きつけ、彼女を取材するために店まで足を運びました。インタビュー映像では、モラレスは怒りを示しておらず、腹を立てるつもりもないと語っていました。ただ、自分がどんなつらい境遇に耐えているかをみんなにわかってもらいたかった、と。このニュースが報じられたあと、彼女への匿名の寄付金が集まりはじめ、その総額は３０００ドル以上に達しました。誰もがモラレスに同情し、彼女が正当に扱われることを望んだのでした。しかしモラレスは集まったお金を受け取ろうとしませんでした。彼女はそのお金で基金を設立し、傷痍軍人の支援団体に寄付したのです。なんと立派な人物だろう――誰もがそう思いました。ただ一人、私を除いては。

1週間ほどしてから、ＮＢＣ４でこのニュースを見ていたある夫婦が、それが自分たちのレシートであることに気づきました。問題は、彼らが20パーセントのチップをきちんと払い、そのようなメッセージはいっさい書き残していないということでした。そこで、この夫婦はＮＢＣ４に連絡を取りました。同局はレポーターを派遣して夫婦の取材を行い、彼らのインタビューが放映されました。ここにきて、人びとはすっかり困惑してしまいました。いったいどちらの話が本当なのでしょうか？　実は、嘘をついていたのはモラレスのほうだったのです。

最初のインタビューで、モラレスはこんな問いを投げかけられています。「チップを拒否され、心ないメッセージを書き残されたとき、あなたはどんな気持ちでしたか？」。彼女はこう答えています。「たぶい、気分を害したというか、怒ったみたいな感じですかね？　どう反応すればいいかわかりませんでした」。ひとこと言いたいのは、もしこれが本当に起きていたならば、そのときの自分の気持ちをはっきり覚えているはずだということです。この事件が起こる前に、別のレストランでモラレスといっしょに働いていた元同僚は、ＮＢＣ４のインタビューでこう語っています。ある日、モラレスは丸刈り頭でやってきて、脳腫瘍になったのだと同僚たちに告げました。しかしそれは、まったくの嘘だったそうです。彼女はまた、海兵隊から不名誉除隊処分を受けています。そう、モラレスはペテン師だったのです。

ここでもう一度、レシートに書かれた走り書きを見てみましょう。「申し訳ありませんが、あなたの生き方が気に入らないのでチップは払えません（I'm sorry, but I cannot tip because I do not agree with with your lifestyle.）」まず、この文は「I」という言葉と短縮形（「I'm sorry」）から始まっています。これはどちらも本当のことを話しているサインです。したがって、彼女は実際、これからつこうとしている嘘について「申し訳ない」と思っているのでしょう。その後、彼女は等位接続詞の「but」を使っています。これは解釈の難しい言葉です。なぜなら私たちはみな、この言葉をしょっちゅう使っているからです。いずれにせよ、「but」という言葉は、前述の内容を打ち消す働きを持っています。したがって、モラレスの走り書きの「but」は、「I'm sorry」を打ち消していることになります。次に、彼女は非短縮形の否定形を２つ使っています（「cannot」「do not」）。これは嘘を信じこませようとするときによく使われる言い回しです。そのあとに、前述の通り、同じ言葉が重なっています（「with with」）。マクリッシュの言葉を思い出してください。「作り話をしているときは、記憶を頼りにできないため、言葉がつっかえることが多くなる」。だからこそ彼女は、こうした間違いを犯したのです。モラレスは、その場で話をでっちあげながら、この文章を書いたのでした。

即興的にストーリーをでっちあげる

「ストーリー」とは、現実もしくは架空の出来事の報告を意味しています。他人の回想に耳を傾ける際には、「そうしている間に（meanwhile）」「そのとき（at the time）」「かつて（once）」「当時（back then）」といった言葉に目を向けてください。これらの言い回しは、それが作り話であることを示唆している可能性があります。「そうしている間に（meanwhile）」や「そのとき（at the time）」などの言葉は、相手の話が「本物の回想」や「あらかじめ用意した嘘」ではなく、「その場で、でっちあげた話」であることの手がかりかもしれないのです。

　人間は、知識に対する欲求を持っています。私たちはあらゆる物事を解明したがっており、それがかなわない場合は、情報をでっちあげることで欠落したパズルのピースを埋めようとするのです。『アトランティック・マンスリー』誌の「なぜ、ほら吹きは嘘をつくのか（Why Storytellers Lie）」という記事の中で、英文学者のジョナサン・ゴットシャルはこう述べています。「ストーリーテラーの心――つまり人間の心は、不確実性や無秩序性、偶然性に対して拒絶反応を示しがちである。ストーリーテラーは人生が偶発的なものだと考えるのを拒んでいる、つまり、あらゆる事象は起こるべくして起きたと思いたいのだ。ストーリーを作り上げれば、こうした混乱状態に強制的に秩序をもたらすことができる」。ほら吹きは、欠落したパズルのピースを偽の情報で埋めることによって作り話に秩序をもたらし、他者と自分自身の双方にとって信憑性の高いものにしようとするのです。

　作り話にはまた、「セルフトーク（独り言）」がよく登場します。セルフトークとは、「……と独り言を言った（I said to myself...）」「何を話してたっけ？（Where was I?）」「はて、ええと（So, let me see）」

といった言い回しのことです。相手が声に出して独り言を言っている場合、必死でストーリーを思いつこうとしている可能性があります。マクリッシュはこう言っています。「彼らは作り話のネタを懸命に探している。なぜなら記憶を頼りにできないからだ」。政治家のアンソニー・ウィーナーは、ツイッターに卑猥な写真を投稿したことがきっかけで辞職に追いこまれています。彼は当初、ツイッターのアカウントが乗っ取られたと主張していました。当時のインタビューにおいて、彼は「独り言」を使って次のように語っています。「私は自分にこう言いました。『よし、誰が、どうやって、何が、この……なぜこのいたずらが起きたのか見きわめよう』」

フラッフ（フワフワした不必要な情報）を提供する

先に少し触れたように、「フラッフ」とは、本題とは関係のない、フワフワしてとらえどころのない、不必要な情報のことです。人は、核心に迫る情報を漏らすのを避けたり、質問をはぐらかしたりするために、こうした無駄話をしたがります。誠実な人はシンプルで明確な返答をしますが、嘘つきは無意味な情報で話を膨らませようとする傾向があるのです。こうした行動の目的は、あたかも協力的で誠実な人物であるかのように見せかけることにあります。しかし実際は、彼らはあなたの求めている情報を隠したがっているのです。

私は30人ほどの警官を対象にした講習の最中に、思いがけない形でこの「フラッフ」という用語を考えつきました。それは、嘘を見抜くエクササイズのあとで講評を行っているときのことでした。私はある講習生に向かってこう言ったのを覚えています。「あなたの話は『フラッフ（フワフワした話）』ばっかりだから、すぐに嘘をついているってわかったわ」。すると講習生の全員が不思議そうに私を見つめてきました。そこで私は「フラッフ」をどういう意味で使ったのか説明しました。今では私の教え子はみなこの用語を使うようになっています。これはとても興味深い体験でした。なぜならそのときまで、私はこうした「意味のない無駄話」を表す言葉を思いつくことができなかったからです。

　このフラッフと「煙幕」を混同すべきではありません。後者は本音を隠すための策略です。嘘つきは煙幕を張ることで、相手が自分以外の人や物に注目するように仕向けます。例えば、私が『カップルズ・コート』で訴訟当事者に「なぜパートナーから浮気を疑われているんですか？」と聞いたとき、彼らはこんな答えによって煙幕を張っていました。「妻は自分に自信がないんです。彼女は私が同僚の全員と浮気していると思っているんですよ！」。彼らはこう答えることで、自分ではなく「クレージーなパートナー」のほうに注意を向けさせようとしたのです。人はしばしばこうした煙幕を使って、あたかも誠実な人間であるかのように振る舞おうとします。

「では、フラッフにはいったい何の意味があるのか？」あなたはそう自問したくなるでしょう。対象者が本題とは関係のない情報や、質問の答えになっていない情報を提供してきた場合、彼らは相手の問いかけにとりあえず反応することで、あたかも協力的であるかのような振りをしているのかもしれません。こうした場合、たとえ的はずれな回答しか返ってこなくても、あきらめずに真実の追求を続けるべきです。中には見当はずれの情報を提供することで、「何も知らない愚直な人物」を演じようとする者もいます。こうすれば、相手はそれ以上質問してこないだろうと考えているのです。ときには、必要以上に礼儀正しく、愛想のいい態度で接してくることもあります。こうした振る舞いにだまされてはいけません。たいていの場合、それらはあたかも誠実で協力的な人物であるかのように見せるためのカモフラージュです。フラッフを使う目的は、真実を隠蔽することにあるのです。

余分な言葉を使う

私は発言分析の講習を行う際に、「トランプ大学」（ドナルド・トランプが創設した不動産投資講座）の元講師、ジェームズ・ハリスのCNN出演時の動画を「無駄な言葉」の例として使用しています。この動画で、ハリスは「立身出世を果たした不動産業界の第一人者」との自身の触れこみについて問いただされています。インタビュアーは、彼が実際はペテン師だった証拠を突きつけ、「あなたは不動産業について何を知っているのですか」と問いを投げかけています。これは自由回答形式のいい質問です。少々曖昧な聞き方ですが、この問いへの回答を足掛かりにして、より具体的な質問で追い打ちをかけることができたはずだからです。しかし、ハリスから返ってきたのは次のような回答でした。「あのー……不動産業は非常に幅の広い巨大な事業です、えー、私個人としては（personally）、私自身は（myself）、90年代に不動産業に関わるようになりました」。このハリスの回答は「フラッフ」と「無駄な言葉」の好例です。これは質問への答えと言えるでしょうか？　答えはノーです。そこに何か役に立つ情報は含まれているでしょうか？　やはりノーです。この回答から判断して、彼はおそらく不動産業についてあまりよく知らないのでしょう。最初に、ハリスは明らかに不意を突かれた様子で、つなぎ言葉である「あのー……」を使って、答えを思いつく時間を稼いでいます。

相手の回答が有益なものであれば、私はつなぎ言葉を使われても苦になりません。しかし、「あのー……」のあとに彼が口にしたのは、次のような「フラッフ」でした。「不動産業は非常に幅の広い巨大な事業です」。その後、再び言葉に詰まったハリスは、さらに「えー」とつなぎ言葉をはさんで、こう言っています。「私個人としては、私自身は、90年代に不動産業に関わるようになりました」。この発言は質問の答えになっていないだけでなく、「私個人としては（personally）、私自身は（myself）」という、重複表現を含んでいます。これらは本来、どちらか1つで十分なはずです。なぜ人は、こうした余分な言葉を使うのでしょうか？ それは、答えに窮しているからです。じわじわと忍びよる不安によって、彼らは認知的過負荷におちいっているのです。

私は、前出の発言分析の専門家マーク・マクリッシュに、なぜ嘘つきは余分な言葉（ジャニーン・ドライヴァーが呼ぶところの「ダブルトーク」）を使うのか、尋ねたことがあります。彼はこう答えました。「余分な言葉を使えば、余分な情報を与えることになる。センテンスは短いほどいい。省略しても文法的に正しいのであれば、わざわざ余分な言葉を使う必要はない。嘘つきが余分な言葉を使うのは、相手に何かを信じこませようとしているからだ」。先ほどのハリスが重複表現を使ったのは、「私は不動産業の第一人者だ」と自分自身に信じこませたかったからでした。そうやって彼は、自分の主張を無理やり押しつけようとしていたのです。マクリッシュは続けて次のように言いました。「誠実な人は『形容詞』を付け加える。私はこんな例をよく使う。『ボブが青いピックアップトラックに乗っているのを見た』。この文は『青い』がなくても文法的に正しいが、それを付け加えることによって情報量が増えている。ボブが青色以外のピックアップトラックを持っていることが示唆されているからだ。一方、嘘つきは余分な言葉を使って相手に何かを信じこませようとする。『私は彼をいっさい見たことがありません（I've never seen him at all）』。だがここに『いっさい（at all）』を使う必要性は、まったくない」

繰り返しを使う

私は、前述した4人の女性チームによる「プロファイラー・タスクフォース」のユーチューブ動画で、ＤＣスナイパーの発言分析を行っています。ＤＣスナイパーは、ジョン・アレン・ムハンマドと（いわばその舎弟の）リー・ボイド・マルボの2人組です。２００２年10月、ムハンマド（当時41歳）とマルボ（当時17歳）は、ワシントンＤＣおよびバージニア北部、メリーランドなどの周辺地域で連続狙撃事件を起こし、人びとを恐怖におとしいれました。約3週間にわたって、彼らは罪のない一般市民――給油中だった人や、スーパーで買い物をしていた人、庭で芝生を刈っていた人――を次々に射殺していったのです。この一連の襲撃で、ムハンマドとマルボは10人の命を奪いました（彼らはその他の州でも7人を殺害しています）。最終的に彼らは当局に逮捕されました。ムハンマドは死刑判決を受け、２００９年の11月10日に処刑されています。マルボは現在、複数回の終身刑で服役中です。

ここで、マルボが服役中に行った陳述の抜粋を紹介しましょう。「起きてしまったことはもう変えられない。私に言えることは何もない。謝罪もできない。私に言えることは何もない。ただ、一生を通じて私や私の行為の被害者でありつづけるのはやめてほしい。冷たく聞こえるかもしれないが、本当はそうじゃない。これは私にできる唯一の健全な申し出なんだ」

おわかりのように、マルボは「私に言えることは何もない」という言葉を2回繰り返しています。同じ言葉の繰り返しは、装飾的な表現として使われる場合もあれば、物事に対して無関心で、他に何を言うべきか思いつかないことを示唆している場合もあります。繰り返しは必ずしも嘘のサインではありませんが、相手が質問への回答を拒否しているときは、その可能性も考えられます。マルボの陳述で私が奇妙だと感じたのは、「私に言えることは何もない」を２回繰り返したあとで、その言葉とは裏腹に、こう言っていることです。「ただ、一生を通じて私や私の行為の被害者でありつづけるのはやめてほしい。冷たく聞こえるかもしれないが、本当はそうじゃない」。実際、これは無情な発言であり、冷酷な殺人犯である彼に似つかわしい言いぐさでした。マルボが同じ言葉を繰り返したのは、おそらく彼がその話題を軽視しており、真剣に取り合おうとしていなかったからでしょう。マルボのこうした言い回しは、必ずしも嘘のサインではないかもしれませんが、自分が犯した罪に対する彼の態度や振る舞いを物語っていると言えます。

受け身の表現と代名詞

本章の締めくくりとして、２つのありがちな「嘘のサイン」について考察したいと思います。ジョディ・アリアスを覚えているでしょうか？　彼女は２００８年にボーイフレンドのトラビス・アレクサンダーを殺害しています。最初に事情聴取されたときのジョディの供述は、きわめて信憑性に欠けていました。「トラビスといっしょに彼の自宅にいたときに、覆面姿の２人組が押し入ってきて、彼を殺害しました。一方、自分は無傷でした」。それが彼女の言い分でした。ジョディはその嘘が破綻すると、今度は別の嘘を考え出しました。正当防衛で彼を殺したと言いはじめたのです。第一級殺人罪での公判中に、彼女は証言台に立ち、検察官の反対尋問を受けました。以下は彼女と検察官のやり取りの抜粋です。

検察官：「そのとき、彼が（アメフトで守備をする）ラインバッカーのような体勢で、あなたに襲いかかったのですね？（That's when he was coming at you in this linebacker pose, right?)」

ジョディ：「そのときです、はい（Around that time, yes.)」

検察官：「彼の顔面を撃ったのもそのときですね？（And that's when you shot him in the face, right?)」

ジョディ：「あの……そう、銃が発射されたのはそのときです（Um...ya, that's when the gun went off.)」

ＦＢＩ捜査官で虚偽検出の専門家であるフランク・マーシュは、ジャニーン・ドライヴァーと私に対して「嘘つきは文法を守らない」と語ったことがあります。彼の言う通り、ジョディの受け答えは文法規範から外れたものでした。では、これからその「文法違反」を検証していきましょう。検察官は彼女に誘導尋問をしています（「right?」が付加されているのが、その目印です）。彼はトラビスがラインバッカーのような体勢で襲ってきたことに同意させようとしています。おそらく以前に彼女がそう供述したからでしょう。検察官はこの供述をたわごとだと確信しており、彼女の嘘を問いただそうとしています。しかし、ジョディはその問い（「そのとき、彼がラインバッカーのような体勢で襲いかかったのですね？」）に対して、文法通りに「はい（yes）」と答えるのではなく、まず「そのときです（Around that time）」と答え、そののちに「はい（yes）」を付け足しています。嘘つきは作り話を信じこませなければならないと考えているため、たいてい、必要以上の情報を加えようとします。一方、誠実な人は真実をそのまま伝えればいいため、ＹＥＳ／ＮＯ疑問文に対してシンプルに「イエス」か「ノー」で答えます。もし嘘をついていなかったら、ジョディはシンプルに「イエス」と答えていたでしょう。ジョディの回答——「伝える《コンベイ》」ではなく、「信じこませる《コンビンス》」を目的としたもの——は、おそらくトラビスがラインバッカーの体勢で彼女を襲っていないことを物語っています。

次に検察官は、「彼の顔面を銃で撃ったのもそのときですね？」という、もう一つの誘導尋問をしています。ジョディの答え方（「あの……そう、銃が発射されたのはそのときです」）は、やはり文法通りではありませんでした。まず彼女は言葉に詰まり、「あの……（Um...）」というつなぎ言葉を使っています。その後、彼女は能動態ではなく、受け身の表現を使っています。これは人が嘘をつくときによく見られる特徴です。ジョディは「……銃が発射されたのはそのときです（...that's when the gun went off.）」と言っています。まず、銃は誰かが引き金を引かなければ発射されません。したがって、この発言はごまかしを含んでいます。そして、ジョディが「私が銃を発射した（能動態）」ではなく「銃が発射された（受け身）」と語ったのは、よくありがちな「嘘のサイン」であり、これも「文法違反」だと言えます。

ここで、私が発言分析の講習で使っているもう一つの実例を紹介しましょう。以下は、妻を射殺したある夫の陳述書からの抜粋です。この陳述が嘘であることを示唆する「文法違反」を突きとめてください。

> 私は銃を拾い上げ、手入れに取りかかった（I picked up the gun to clean it.）。銃を左手に持ち替え、クリーニングロッドを取ろうとした（Moved it to the left hand to get the cleaning rod.）。何かが引き金にぶつかった（Something bumped the trigger.）。銃が発射され、妻に命中した（The gun went off, hitting my wife.）。

ジョディ・アリアスと同様に、この男も受け身の表現（「銃が発射され（the gun went off）」）を使っています。では、これらの4つのセンテンスに見られるありがちな「嘘のサイン」を1つずつ説明していきましょう。まず、彼は人称代名詞の「私（I）」から文章を始めています。「私（I）」「私の（my）」といった代名詞は、発言内容への責任感や当事者意識を表しています。したがって、最初のセンテンス（「私は銃を拾い上げ（I picked up the gun）」）で夫が「私（I）」を使っているのであれば、彼は「銃を拾い上げること」に対する当事者意識を持っていることになります。一方、彼は「銃」に対する当事者意識は持っていないと思われます。なぜなら「my gun」ではなく、「the gun」という表現を使っているからです。それはいったい誰の銃なのでしょうか？　もしそれがこの男の銃ならば（実際にそうだったのですが）、彼は「my gun」と言うべきでした。男がそう言わなかったのは、自分の銃を使って故意に妻を殺害したからにほかなりません。銃は彼にとって罪悪感の源になっていたのです。自分自身と犯罪を切り離したいがために、彼はその銃が自分のものだと明言しなかったのでした。

2つめのセンテンス（「銃を左手に持ち替え、クリーニングロッドを取ろうとした（Moved it to the left hand to get the cleaning rod.）」）でも同じ現象が起きていると気づいた人もいるでしょう。彼は「my left hand」と言うべきところを、「the left hand」と言っています。その理由はもうおわかりでしょう。彼は犯罪に対する責任を回避したかったのです。この男は自分が「my」を「the」に置き換えたことにまったく気づいていないはずです。たいていの嘘つきは、自分が何を言ったか（あるいは言わなかったか）きちんと自覚できていません。前述の通り、彼らはもっぱら言葉ではなく、ボディランゲージをコントロールすることに意識を集中しているからです。嘘つきは無意識のうちに「私は（I）」や「私の（my）」といった言葉を避けようとします。したがって、相手の発言にしっかりと耳を澄ますようにしてください。皆さんはすでに気づいていると思いますが、このセンテンスにはもう一つ問題点があります。彼は文頭の主語「I」を省略し、動詞の「move」でセンテンスを始めています（「Moved it to the left hand」）。この言い回しもまた、自分の発言に対する責任感の欠如を表しています。主語である「私は（I）」の省略には、それなりの理由があるのです。それは無意識の行為ではあるものの、決して偶然ではありません。

では、3つめのセンテンス（「何かが引き金にぶつかった〔Something bumped the trigger.〕」）を見ていきましょう。「ぶつかった（bumped）」という言葉は、事態の深刻さをやわらげるための婉曲表現です。引き金は通常「引かれる」ものであり、「引き金にぶつかった」という言葉には不自然な響きがあります。彼はまた、「何かが」ぶつかったと言っています。左手に銃を持っているのに、引き金にぶつかった物の正体がわからないなんて、ありえるでしょうか？　そう、引き金にぶつかった「何か」とは、彼の人差し指だったのです！

そして最後のセンテンス（「銃が発射され、妻に命中した（The gun went off, hitting my wife.）」）において、彼は典型的な嘘つきの言い回しである「受け身の表現」を使っています。一方、おそらく皆さんも気づいたと思いますが、彼は妻を「my wife」と呼んでおり、彼女に対しては当事者意識を持っていることがわかります。このように彼の陳述には、全部で6つもの「嘘のサイン」がありました。そして実際、彼は嘘つきだったのです。妻を射殺したこの男は、のちに第一級殺人罪で有罪判決を受けています。

能動態が自分から「行動を起こす」ことを強調しているのに対し、受け身の表現は「行動を受ける」ことに重点を置いています。嘘つきは自分自身を「犯罪」や「罪悪感を覚える出来事」から切り離すために、受け身の表現を用いる傾向があるのです。受け身であれば、主語（通常は自分自身）を省略できて、責任の所在を明らかにしなくてもすむからです。

自己への言及を減らすもう一つの方法は、人称代名詞の私（I）を別の代名詞（「あなた〔you〕」「彼ら〔they, them〕」「われわれ〔us〕」など）に置き換えることです。ここで、先ほどのアンソニー・ウィーナー（ツイッターに卑猥な写真を投稿したことがきっかけで辞職に追いこまれた政治家）の悪名高い実例を紹介しましょう。当初、ウィーナーは、21歳の女性に下着姿の下半身写真をツイッターから送りつけたという疑惑を否定していました。インタビューや記者会見の場で、彼は記者から「本当にあんなツイートをしたのですか?」といった単刀直入なＹｅｓ／Ｎｏ疑問文を何度も投げかけられました。アンソニーはそれらに対して一度もシンプルに「イエス」か「ノー」で答えませんでした。こうした答え方もまた、信頼度の高い「嘘のサイン」の一つです。誘導尋問の場合を除いて、誠実な人なら、選択回答形式の質問にシンプルに「イエス」か「ノー」で答えるのに抵抗を感じないはずです。記者の中には、しびれを切らしてこう呼びかけた者もいました。「ウィーナーさん、『ノー』と答えるだけでいいんですよ!」。しかしウィーナーは決して「ノー」とは答えませんでした。記者がプレッシャーをかければかけるほど彼は頑固になり、ついには冷静さを失っていきました。彼はすっかり「自己防衛モード」に入っていたのです。ご存じの通り、嘘を問いただそうとするときは、相手を窮地に追いつめるべきではありません。本音を引き出すためには、相手を責めないアプローチを取り、彼らが安心できる環境を作りだす必要があります。ウィーナーの場合、「本音」とは「疑惑を認める『イエス』の返事」にほかなりませんでした。

嘘のサインとなる「受け身の表現」には以下のようなものもあります。

「私は金庫に鍵を掛けなかった（I left the safe unlocked.）」――「金庫は鍵が掛けられていなかった（The safe was left unlocked.）」

「私は出荷を許可した（I authorized the shipment.）」――「出荷が許可された（The shipment was authorized.）」

発言分析を行う際に私が特に注意を払っているのは、こうした、受け身の表現と人称代名詞の有無です。このセクションの冒頭で紹介したジョディ・アリアスや、妻を射殺した夫の実例からわかるように、一人称の単数代名詞は重要な意味を持っています。人称代名詞の「私（I）」は、信頼度の高い「誠実さのサイン」です。ただし、「使いすぎ」の場合はこの限りではありません。たいていの嘘つきは、作り話の細部をでっちあげる際に認知的過負荷におちいり、複雑な文を形成する能力が低下しています。そのため、「私」から始まるシンプルな発言を連発するようになることがあるからです。

もしも相手が「私」を使うのをためらい、「あなたたち」や「われわれ」といった、その他の代名詞に置きかえたとしたら、その背景には何らかの理由が存在しています。彼らは発言の責任を引きうけることを拒み、言及されている出来事から距離を置こうとしているのです。アンソニー・ウィーナーについてはすでにいくつか実例をあげていますが、彼は「嘘のサイン」のケーススタディとしてあまりにも秀逸なため（！）、もう一つの例をここで紹介したいと思います。ウィーナーは、ツイッターから卑猥な画像を女性に送りつけたことを、のちに認めています。しかし当初はツイッターのアカウントが乗っ取られたと主張しており、報道記者に対してこう語っていました。「いいですか、われわれは、これが誰のしわざなのか、突きとめようとしています」。何が問題なのかわかりましたか？　彼は「私は（I）」を「われわれは（we）」に置き換えているのです。ご存じの通り、「彼」こそが犯人であり、「われわれ」と呼ばれる人びとなど存在しません。本来なら、彼は「私は誰がツイッターを乗っ取ったのか、突きとめようとしています」と言うべきでした。しかし彼は、自分自身と嘘を切り離したがっていたのです。

「コミュニケーションで最も重要なのは、言外の意味を読み取ることである」

——ピーター・ドラッカー

エクササイズ

これは遊び感覚のエクササイズです。友人や同僚といった、自分がよく知っている人物に頼んで、まったくの作り話を手書きで書いてもらいましょう。できるだけ、真実味のあるストーリーを生み出してもらってください（したがって、自分には超能力があるといったお話はNGです）。話の長さはレターサイズの用紙1枚程度で十分でしょう。パソコンではなく手書きにしてもらう理由は、パソコンの場合、後から文章を修正することができ、嘘のサインを見きわめにくくなるからです。その後、彼らのストーリーの発言分析を行い、本章で紹介したような言語的な嘘のサインが存在するかどうか見きわめてください。ゲーム感覚で楽しくやりましょう。ただし、夫や妻に対してこのエクササイズを行うのは、おすすめできません！

おわりに

本書の締めくくりとして、最終的な結論を書き残しておきたいと思います。コミュニケーションはアートであり、科学でもあります。実際、私の会社のキャッチコピーは「人的交流のアートと科学が出会うところ」です。

面接官と対象者の言動は、互いに影響を及ぼしあいながら、潮の満ち引きのように変化していきます。面接官は、対象者の出方によってどんな手法を使うかを判断し、対象者は、面接官の出方によって本音で話すかどうかを決めるのです。

面接や交渉は精神的なスパーリングです。何を、いつ、どのように言うべきかを心得ていなければなりません。そのためには、訓練を積み、自分自身や周囲の状況に対する認識を高める必要があります。自己認識力が高まれば、常に自分自身を外側から眺められるようになります。また、状況認識力が高まれば、他者を客観的な目で見られるようになります。こうした認識力がなければ、他者の心を開き、本音を引き出すことはできないのです。

さらに、自己認識力や状況認識力が向上すれば、相手の言動から心の機微を感じ取ることができ、どうすればストレスを軽減し、信頼関係を深められるかがわかるようになります。自他に対して柔軟で寛大な姿勢を貫き、私が紹介してきた手法を自信を持って実践してみてください。それができれば、あらゆる面接や交渉に熟達することが可能になるでしょう。

私は、皆さんが本書の情報を実生活に役立ててくれると信じています。「常に『学ぶ人』『知識を追い求める人』であれ」というのが私のモットーです。私の使命は、みずからの知識を他者と共有し、彼らの成功を後押しすることにあります。本書が皆さんの成功を後押しできたのであれば幸いです。

「われわれは無意識のうちに相手の行動に自分の意図を投影し、それにもかかわらず、自分自身は客観的だと思いこんでいる」

——スティーブン・コヴィー

付録 A

面接における11のステップ

私は、みずからの面接がどんな「フロー（手順）」によって構成されているか、これまで何度も聞かれてきました。私がこうしたフローの存在に気づいたのは、自分の面接メソッドについて戦略的に考えるようになってからのことでした。私の面接のフローは「砂時計型」の構造を持っており、マクロレベル→ミクロレベル→マクロレベルという形で進んでいきます。世間話（マクロレベル）によってさりげなく面接を開始し、中間部で核心（ミクロレベル）に迫ったあと、再び世間話（マクロレベル）によってスムーズに面接を締めくくりましょう。常に、信頼関係の形成や安心できる環境づくりに重点を置き、対象者がリラックスして本音を打ちあけられるようにしてください。

対象者の信頼を獲得したあと、「砂時計」の中間部にさしかかったら、いよいよ核心的な話題に踏みこまなければなりません。対象者は積極的に情報を提供しはじめたかと思えば、急に回答を拒みはじめることもあります。心を開いたかと思いきや、突然心を閉ざしてしまうこともあります。それはまるで打ち寄せる波のようです。あなたは対象者の潮の流れに合わせて臨機応変に面接を進めなければなりません。そういうわけで、私は「面接のフロー（流れ）」という言葉を使っているのです。ときにはステップ5の途中でステップ2に戻らなければならないこともあるでしょうし、ステップ9の途中でステップ4に戻らなければならないこともあるでしょう。

それでは、私の面接の11のステップを以下に示します。

STEP

1. 即座に対象者の興味を引き寄せる

2. 信頼関係の形成を通じて対象者の信頼を得る

3. 核心的なトピックに向かって慎重に話を誘導する

4. 本格的な面接を開始する
   - 直接的あるいは間接的な質問を投げかける
   - さまざまな質問テクニックを使う
   - 信頼関係を強化する
   - あらゆる情報を引き出す
   - 発言分析を行い、「誠実さのサイン」や「嘘のサインを」を見きわめる
   - 対象者を徐々に認知的過負荷に追いこむ

5. 嘘がばれていることを、ずばり指摘する

6. 対象者を認知的過負荷におちいらせることで、限界点へ追いこむ

7. 対象者にポジティブな属性を付与する

8. 焦らず、共感的な姿勢で対象者の言葉に耳を傾ける。状況に合わせて硬軟を使いわける

9. 対象者が口を割ったあと、情報をあらいざらい引き出す

10. 信頼関係を強化し、対象者に前向きな気持ちを抱かせ、面接官と再びオープンに話ができるように仕向ける

11. 再接触の方法を確立する

付録 B

面接に備えるための総合チェックリスト

第2章

面接前に、以下のチェック項目を埋めましょう。

	CHECK
・面接の目的	□
・日時	□
・場所	□
・戦略的なポイント	□
・対象者に関する情報（行動パターンも含め、できるだけ詳細に）	□
・議事録の作成者	□
・録音・録画の担当者	□
・面接官	□
・通訳者	□
・面接場所のセッティング	□
・「もしも〜だったら」というシナリオの準備	□

第3章

面接前に、対象者とどのように信頼関係を築いたらよいか考えましょう。

	CHECK
・類似性バイアスを活用する（対象者との共通点は何か、どうすれば最初の5分で心を通わせることができるかを考える）	□
・ミラーリングを取り入れる	□
・「ネガティブで非難がましい言い回し」を「ポジティブで相手を責めない言い回し」に変える	□
・対象者にポジティブな属性を付与する	□
・対象者を敵ではなくチームメイトと見なす	□
・必要に応じて面接場所を変更する	□
・対象者に関して、できるだけ多くの情報を集める	□

第❹章

面接前に、以下の質問に答えましょう。

	CHECK
・対象者は内向き（ＩＦ）か外向き（ＯＦ）か？	□
・「ラダリング」をどう活用するか？	□
・彼らはどんな動機から真実を告白するのか？ どんな欲求を満たせば本音を引き出すことができるか？	□

第❺❻❼章

面接前に、質問についての計画を立てましょう。

	CHECK
・具体的な質問を書き出す	□
・嘘をついているかどうか検証するとき以外は、 選択回答形式の質問を避ける	□
・「同じ質問を繰り返す」「操作された質問を投げかける」 といった戦略を練る	□
・フォローアップの質問によって、 トピックを徹底的に掘り下げる	□
・「誘導尋問」「強制選択式の質問」「漠然とした質問」 「複合質問」「含みのある質問」「否定疑問文」を避ける	□
・「あなたは○○という理由で△△をしましたね」と 決めつけるのではなく、「あなたは何をしましたか？」 「なぜそうしたのですか？」と尋ねるようにする	□
・質問によって気まずい雰囲気になった場合は、「誘いだし」 のテクニックを活用する （情報収集の手段を「質問」から「誘いだし」に切り替えることで、 対象者のストレスを緩和し、気分を落ち着かせる）	□
・「真実を打ちあけさせるための５つのテクニック」を使う	□
1 本題と関係のない質問によって対象者をリラックスさせる	□
2 適度に間を置き、対象者に質問に答えるための時間を与える	□
3 矢継ぎ早に質問を浴びせることで対象者を認知的過負荷に おちいらせ、真実を引き出す	□
4 「コロンボ作戦」を使う	□
5 対象者の供述の時系列表を作成する	□

	CHECK
・「嘘を見抜く４つの質問」を活用する	□
1「それについてどう感じましたか？」	□
2「なぜあなたの言うことを信じなければならないのですか？」	□
3「これをした人物は、どんな目に遭うべきだと思いますか？」	□
4「あなたは嘘つきですか／私に嘘をついていますか？」	□

第9章

交渉相手のプロファイリングを行いましょう。

	CHECK
・あなたの交渉相手のタイプ（NPT）は何か？ （HE-e/HE-i/HI-e/HI-i/SE-e/SE-i/SI-e/SI-i）	□

共感的な交渉を行うための計画を立てましょう。

	CHECK
・対面で交渉を行う	□
・相手の立場になって考える	□
・信頼関係を構築する	□
・統計資料などの詳細なデータを手元に用意する	□
・「ノー」と言う覚悟を持つ	□
・共感的な発言を用いて安心できる環境を作りだす	□
・誘いだしのテクニックを使って交渉相手の心を開く	□
・弱みを見せることを恐れない	□
・自信に満ちた声で話す	□
・偏見と向きあう	□
・自分を偽るのをやめる	□

会話の計画を立てましょう。

	CHECK
・あなたの目的は何か？	□
・あなたのBOND（最善策）は何か？	□
・彼らはどんな理由から取引条件に応じてくれるか？	□

限界点にうまく対応し、対象者の口を割らせるためには、何が真実の告白の動機となるのかを突きとめる必要があります。嘘を見抜かれたことを対象者が知った瞬間に限界点が訪れる場合もあります。私たちは嘘を見抜いていることを彼らに知らせなければなりません。とはいえ、非難がましい言い方は避けるべきです。その場合、次のように言うことができるでしょう。

	CHECK
•「何かほかに言いたいことがあるようですね」(「何かほかに隠していることがあるようですね」と言うのは避けましょう。この言い回しは少々非難めいていて、相手を黙りこませてしまう可能性があるからです)	□
•「その話には裏がありそうですね」	□
•「何かほかに打ちあけたいことを抱えているようですね」	□

あるいは、次のように言うこともできます。

	CHECK
•「私の勘違いかもしれませんが、あなたの答えには、ためらいが感じられます」	□
•「私の勘違いかもしれませんが、何だか落ち着かないようですね」(彼らが問いに答えたあと、「どうすればあなたの信頼を得ることができますか?」「どうすればリラックスしてもらえますか?」といった質問によってフォローアップを行ってもいいでしょう)	□

以下のような「埋めこまれた命令」(聞き手に気付かれないようにさりげなく挿入された指示や命令)を使って対象者の口を割らせることも可能です。

	CHECK
•「～について質問したとき、**動揺しました**ね」	□
•「～について質問したとき、**罪悪感を感じている**ように見えました」	□
•「～について質問したとき、**私に何か言いたい**ように見えました」	□

	CHECK
・「供述の矛盾点が露呈した今、あなたは**罪の意識を感じている**はずです」	□
・「供述の矛盾点が露呈した今、あなたは**すべてを打ちあけたい**と思っているはずです」	□
・「供述の矛盾点が露呈した今、あなたは**真実を告白し、重荷から解放されたい**と思っているはずです」	□

	CHECK
・「いずれあなたは**真実を告白する**でしょう。なぜならそれが正しい行動だからです」	□
・「いずれあなたは**嘘をつくことの重荷に耐えられなくなる**でしょう」	□
・「いずれあなたは**嘘を見抜かれたことを認める**でしょう。証拠はそろっているんですから」	□

	CHECK
・「嘘をつくのは簡単なことではありません。だんだん頭が混乱してくるからです」	□
・「作り話を完全に記憶できる人などいません。どうしても細部が、あやふやになってきますからね」	□
・「自分が今、動揺しているのはわかってますよね」	□
・「あんな嘘をつくべきじゃなかったと思いはじめているんじゃないですか」	□
・「そろそろ白状したほうがいいかなと思ってるんじゃないですか」	□
・「考えてみてください。嘘のサインを隠し通せる人などいません。しかも私は、それを見抜く訓練を積んでいるんです」	□
・「私がなぜ、あなたを信用できないのか、わかりますか？」	□

対象者が真実を告白する動機の１つは、自尊心という心理的欲求を満たすことにあります。彼らは自分を立派な人間だと思いたがっており、そのためには、最終的に人として正しい行いをする必要があるのです。

元米軍尋問官が教える

本音を語らせる技術

HONEST ANSWERS

INTERVIEW AND NEGOTIATION SKILLS TO GET TO THE TRUTH

エクササイズの解答例

第3章の（エクササイズ）ネガティブな言い方をポジティブな言い方に変えてください。

解答例

1 「失礼ですね」→「礼節をお忘れのようですね」

2 「私をそんなふうに扱わないでください」→「私に敬意をもって接してくれると信じています」

3 「納期に間に合いませんよ」→「納期に間に合いそうですか?」

4 「その報告書を提出するまで、あなたは帰れません」→「その報告書を提出したら、すぐに帰っていいですよ」

5 「私の話をぜんぜん聞いてないじゃないですか」→「私の話に耳を傾けてくれると信じています」または「私の話にきちんと耳を傾けてくれて感謝しています」

6 「私の考えなんてどうでもいいんですね」→「私の考えを尊重してくれていることはわかっています」

7 「『自分はもう、かつての自分ではない』なんて言わないでください」→「今の自分は、かつての自分とどう違うのか教えてください」

8 「怒鳴らないでください」→「声を張り上げずに話しあいましょう」

9 「私の言ったことを誤解しているようですね」→「私の説明が曖昧だったかもしれません」

10 「なぜそんなに怒っているのですか」→「今どんな気持ちですか?」

以下の3つのシナリオにおいて、対象者はどんな動機から真実を告白しようとするでしょうか？ それを見きわめるための質問を少なくとも5つ考え出してください。このエクササイズには正しい答えも間違った答えもありません。ただ、必ず質問の中に「なぜ」か「どう（どのように）」を入れるようにしてください。

【シナリオ1】

対象者は17歳の少女で、授業中にバッグからマリファナを落とした件で、校長と面談を行っています。隣には母親が付き添っています。少女は、なぜマリファナがバッグに入っていたのかわからないといいます。あなたは彼女が嘘をついていると思っています。では、どのような質問によって探りを入れるべきでしょうか。あなたの目的は、少女のモチベーションと欲求を突きとめ、彼女から本音を引き出すことにあります。

解答例

- バッグからマリファナを落としたところを先生に見られたことについて、どう感じていますか？
- 若者がマリファナを使用することについて、どう思いますか？
- なぜ、この学校の生徒はマリファナを吸うのだと思いますか？
- マリファナについて、どんな感情を抱いていますか？
- なぜ、人はマリファナを吸っていることを隠すのでしょうか？

【シナリオ2】

あなたは企業のヘッドハンターです。しかし、採用候補者は電話に出ようとせず、折り返しの電話もくれません。1週間前、彼はこれから上司と退職について話しあい、あなたの取引先の企業に移る準備を進めると言っていました。しかしそれ以降、ぱったりと連絡が途絶えてしまったのです。その後、ようやく電話に出た彼は、電話をかけ直せなかったことについて謝罪し、「忙しかった」「体調が悪かった」「車が故障した」といった弁解を並べてきました。あなたはそれらの言いわけを信じていません。彼が連絡してこなかった理由を突きとめるには、どんな質問をするべきでしょうか。あなたの目的は、彼のモチベーションと欲求を見きわめ、転職を促すことにあります。

解答例

- この1週間のわれわれのコミュニケーションについて、どう感じていますか?
- なぜ、われわれは先週から口をきいていないのだと思いますか?
- この新たなチャンス/仕事について、どう思いますか?
- なぜ、この新しい仕事が自分にとっていい転機になると思うのですか?
- なぜ、この新しい仕事を引きうけるべきだと感じるのですか?

【シナリオ3】

あなたは起業家です。あなたの目標はクライアントと収入を大幅に増やすことにあります。あなたはソーシャルメディア上で、人脈づくりや人材育成プログラムのマーケティングを行っています。ある潜在的な顧客があなたと連絡を取り、一対一のコーチングサービスの料金を聞いてきました。あなたが料金を告げると、相手はその金額を一蹴し、価格交渉を始めようとしました。しかし、あなたとしてはその価格は絶対に譲れません。彼がこちらの希望価格を払いたがらない理由を探るためには、どのような質問をすべきでしょうか。あなたの目的は、この人物が喜んで希望価格を払い、クライアントに加わるように仕向けることにあります。

解答例

- なぜ、その価格が適正ではないと感じるのですか？
- なぜ、価格交渉をしたいと思うのですか？
- 適正価格を、どう見きわめているのですか？
- なぜ、その価格に交渉の余地があると感じるのですか？
- 交渉の余地のないものに関する交渉に、あなたならどう対処しますか？

第5章の（エクササイズA）より効果的な質問に書き換えてください。

解答例

1 「怒っているんですか？」→「今どんな気持ちですか？」

2 「朝はバス通勤ですか、それともマイカー通勤ですか？」→「朝の通勤手段は何ですか？」

3 「あなたは早めに着く予定ですか？」→「あなたはいつ着く予定ですか？」

4 「いいかげんに文句を言うのをやめてもらえませんか？」→「いつになったら文句を言うのをやめるのですか？」／「なぜ文句を言うのですか？」／「何について文句を言っているのですか？」

5 「『母親の料理』と『祖母の料理』では、どちらが好きですか？」→「家族の中で誰の料理が好きですか？」

6 「彼らはそれについて腹を立てていましたか？」→「彼らはそれをどう受けとめていましたか？」

7 「彼女の返事は『いいえ』だったとおっしゃっていませんでしたか？」→「彼女からどんな返事が返ってきましたか？」

8 「彼女は求職中ですか？」→「彼女はどんな仕事に応募しているのですか？」

第5章の（エクササイズC）作家への質問

特定の本の著者に対する、10の具体的な質問を書き出してみてください。制限時間は2分です。

解答例

1 この本を書くのに、どれくらいの時間がかかりましたか？

2 この本のテーマを、どうやって思いついたのですか？

3 何をきっかけに、この本を書こうと思ったのですか？

4 あなたの著作権エージェントは誰ですか？

5 この本の出版によって、どれくらいの収入が得られましたか？

6 この本を発行した出版社の名前は何ですか？

7 この本はどこで購入できますか？

8 この本はいつ購入可能になりますか？

9 次回作はいつごろ書く予定ですか？

10 この本を書くのは、どれくらい難しかったですか？

第6章の（エクササイズ）

文中に出てくる「出来事を『最小化』する発言」を、「『言うな、聞け』メソッドを使った発言や質問」に置き換えてください。

解答例

［シナリオ1：同僚の対立］

「おはようございます、ロドニー。新COOとして、あなたといっしょに会社の成功という目標に向かって邁進できることを、とてもうれしく思います。目標達成のためには、あなたの力が必要です。誰もが多忙をきわめている時期ではありますが、上級管理者として、今週のうちに15分間の話しあいの時間を割いてもらえるとありがたいです。私はあなたに自分の役職について手短に説明してもらい、その役割や取り組みについて、もっと知りたいと思っています。そうすればチームとして、より効率的に働けるようになるでしょう。ぜひ、あなたの率直な意見を聞かせてください。よろしくお願いします。真心を込めて、アリシア」

［シナリオ2：口を閉ざす目撃者］

「もし何を目撃したのかを話してくれなければ、彼らはこのまま近隣で破壊行為を繰り返し、人を傷つけることになります。それについてどう思いますか？」

相手の返事をじっくりと待ち、さらなる情報を引き出してください。

【シナリオ3：依存症の患者】

「手術からこれだけ時間が経っているのに、まだ痛みがあるなんておかしいですね。パーコセットは依存性が高く、長期にわたって使用した場合、深刻な臓器障害を引き起こす可能性があります。まずは1週間パーコセットの服用を中止して、様子をみてはどうでしょうか。あなたはそれについてどう思いますか？」

相手の返事をじっくりと待ち、さらなる情報を引き出してください。

第7章の（エクササイズ） 誘いだしテクニックによる言い換え

解答例（これらはあくまで解答例で、「正解」は存在しません。さまざまな誘いだしのテクニックを使った、多種多様な解答が考えられます）

1 「どちらの出身ですか？」→「どう見ても地元の人ではなさそうな口ぶりですね」（無知を装う）

2 「どこで働いていますか？」→「○○についてそんなに詳しいなんて、きっと面白い仕事に就いているんでしょうね」（興味を示す）

3 「10代の若者の自撮りブームについてどう思いますか？」→「なんでそんなに自撮りしまくるのか、10代の子をつかまえて聞いてみたいですよ」（無知を装う）

4 「何かスポーツをやっていますか？」→「運動神経がよさそうですね／いい体をしていますね。何かスポー

ツをやっているんでしょうね」（相手をほめる）

5 「趣味は何ですか?」↓「やっと自分の時間が取れて、思い切り羽を伸ばしたいようなときには、私はダンスに行きます!」（ギブ・アンド・テイク）

6 「お気に入りの曲は何ですか?」↓「私の朝は、このお気に入りの曲を聞くことから始まります」（ギブ・アンド・テイク）

7 「どんな方法を使えば住宅の短期転売でそんなに高い利益を得られるのですか?」↓「そんなに高い利益を得られるなんて、きっとあの秘策をご存じなんですね」（内情に通じているふりをする）

8 「なぜあなたは何でも論破したがるのですか?」↓「何でも論破したがる癖は効率的なコミュニケーションのさまたげになりますが、たいていの人は、自分にそうした癖があることにすら気づいていません」（批判する）

9 「真実を打ちあけるチャンスがあったのに、なぜそうしてくれなかったのですか?」↓「あなたには真実を打ちあけるチャンスがありました。なぜ正直になろうとしないのか、私には理解できません」（疑念を示す）

10 「あなたのニックネームは何ですか?」↓「きっと高校時代はトラック競技のスターで『ロードランナー』というあだ名で呼ばれていたのでしょうね」（誤った情報を提供する）

11 「過去2か月のあいだにテスラ車の衝突事故が4件起きています。いったい何が問題なのですか?」↓「最近の衝突事故の多さから考えて、テスラの部品製造に何かしらの不具合が生じているに違いありません」（批判する）

第8章の（エクササイズ）

チーム・リーダーのあなたは、プロジェクト責任者のボブから頼まれたのでチームのメンバーであるマットとの話しあいの場を設け、マスク着用についての彼の発言に関するアドバイスを与えようとしています。

解答例

「マット、コロナに関するルールがコロコロ変わることには、誰もがうんざりしているんです。あなたの考えや意見を、もっと聞かせてくれませんか」。こう言ってから、マットの話にしっかりと耳を傾けます。彼がリラックスできるような環境を作り上げ、フラストレーションを発散させてあげましょう。その後、次のような言葉をかけてください。

「マット、あなたの考え方を尊重しますよ。私もまったく同意見で、フラストレーションを感じています。しかし、イライラするだけでは何の解決にもなりません。コロコロ変わるルールへの対処法をいっしょに考え出し、フラストレーションを感じなくてもすむようにしませんか？」。続いて以下のようなフォローアップを行ってください。

「何かあれば、いつでもボブや私に相談してください。私たちは仲間です。こうした課題にいっしょに取り組み、互いに助けあいながら困難な時期を乗り越えましょう。さしあたって今、私にできることは何かありますか？」

第11章の（エクササイズ）殺人犯クリス・ワッツの動画から読み取れる嘘のサイン

解答例

インタビューを通して、ワッツは息もれ声（息苦しさを感じているような声）で話しています。これは極度のストレスを感じているときに起こる現象です。コルチゾールの放出のために、彼の口の中はからからに乾いています。唇をよくなめたり、ごくりとつばを飲みこんでいたりするのが、その証拠です。ワッツは嘘をつくことによるストレスを感じているのです。彼はつじつまの合わない「肩をすくめる動作」や「首を横に振る動作」を何度も繰り返しています。まずは、つじつまの合わない「表情」に注目してみましょう。

ワッツは以下のような「発言と矛盾する表情」を浮かべています。

00:44　軽蔑
00:54　疑念
01:12　嫌悪
01:24　軽蔑

また、以下のような「ストレスや嘘のサイン」も見られます。

00:17　長いまばたきをする
00:34　舌を突きだす
00:44　長いまばたきをする
00:51　息を深く吸う

01:11 長いまばたきをする
01:22 舌を突きだす
01:23 長いまばたきをする
01:28 長いまばたきをし、ごくりとつばを飲みこむ
01:33 速いまばたきを繰り返す
01:34 唇をなめる
01:35 唇を巻きこむ

以上が解答例です。追加情報として、その後の01:35～01:57のあいだに見られる嘘のサインを以下に示します。

01:39 「私は彼女に3回電話しました……テキストメッセージも3回くらい送りました」ワッツはそう言いながら肩をすくめ、首を横に振っています（つじつまの合わないジェスチャー）。彼が嘘つきの数字である「3」を使っていることにも注目してください。嘘つきはその場で数字を思いつかなければならないとき、たいてい「3」という数字を答えます（「3回」「3時間」「3マイル」など）。クリス・ワッツが「3回電話し、3回テキストメッセージを送った」と答えたのは、決して偶然ではありません。彼は嘘をついていたのです。

01:43 言葉に詰まり（認知的過負荷）、首を横に振る（つじつまの合わないジェスチャー）
01:46 右に視線を向け、肩をすくめる（つじつまの合わないジェスチャー）
01:47 笑みを浮かべる（つじつまの合わない表情）
01:50 顔を触る（ストレスによる、かゆみの感覚）

謝辞

本書の執筆を可能にしてくれた、すべての人に感謝の意を表します。

私の人生のモットーは、知識を提供することによって人びとの賢明な選択を促し、彼らがあらゆる状況でみずからを守れるようにすることにあります。投資であれ、犯罪の捜査であれ、異性へのアプローチであれ、人びとの取り組みを手助けするためのツールを私は持ち合わせており、そうしたツールを彼らと共有することが私の務めだと考えています。それを可能にしてくれるすべての人に感謝の念を示します。あなた方の尽力、友情、支援は、私にとって、かけがえのないものです。

まずは、ずっとそばにいてくれた家族に感謝の言葉を送りたいです。イーライ、不規則な時間に働くことを許してくれて本当にありがとう（ロードアイランドへ9時間かけて車で移動するあいだに執筆作業をさせてもらったこともありました）。次に、いつもそばで支えてくれたエージェントのマリアン・カリンチに感謝したいと思います。今の私があるのはマリアンのおかげです！

本書の出版を可能にしてくれたハーパーコリンズ社およびニューワース&アソシエイツ社に感謝の意を表します。とりわけ、ハーパーコリンズのサラ・ケンドリックとリンダ・アリラには感謝の気持ちでいっぱいです。あなた方といっしょに仕事をするのは最高にすばらしい体験でした！　骨身を惜しまず働いてくれたジェフ・ファー、ベス・メトリック、ノア・パーキンスにもお礼を言いたいです。

ルイ・グリーンスタインには格別の感謝を捧げたいと思います。彼は大変な激務をこなしてくれました！　文章の推敲に尽力してくれた彼には感謝の念に堪えません。

ジャニーン・ドライヴァーには心から感謝を伝えたいと思います。ポジティブなエネルギーにあふれ、カリスマ的なパーソナリティを持ち、寛大さや思いやりに満ちたあなたの仲間であることを、私は誇りに思います。新型コロナウィルス感染で療養中だったにもかかわらず、序文の執筆を引きうけてくれたことに、私は終生感謝したいと思います。

インタビューを快く引きうけ、専門知識を授けてくれたマーク・マクリッシュにも特別な感謝を捧げたいです。

私にインスピレーションを与えてくれたすべての友人たちに感謝します。ユディ、木曜のディナーで交わした数々のディスカッションを今も懐かしく思い出します。おかげで新たな道筋を見いだすことができ、感謝の思いでいっぱいです。トニ、他人を手助けし、知識を授けることへのあなたの情熱に感謝の意を表します。エリー、あなたと共同で「トゥルース・シスターズ・アカデミー」を立ち上げることができてワクワクしています。今年は私たちにとって大きな1年になるでしょう。スーザン、あなたは最高です。私はあなたから多くのことを学んでいます。親愛なるローレン、私を照らす光になってくれたことに感謝します。アリ、あなたには才能があります。あなたのポジティブ思考の威力には脱帽です。あなたの言葉は知恵に満ちています。

私はまた、法執行や消防、医療、軍事に携わるすべての人々に深甚なる謝意を表したいと思います。あなた方の奉仕や勇気、世界の安全を守ることへの献身に対して、心から感謝します。

最後に、この本を読んでいるすべての人に、感謝の言葉を送りたいと思います。私がみずからの知識を提供しつづけることができるのは、あなた方のおかげです。

敬意をこめて

レナ

著者略歴

レナ・シスコは、アメリカ海軍の元情報部員、海兵隊の元公認取調官として、世界的な「テロとの戦い」の中で何百回もの尋問を行ってきた。

著述家であり講演家、ＴＥＤｘスピーカーでもあり、エミー賞にノミネートされた裁判番組『カップルズ・コート』では3年にわたって鑑定人を務めた。世界中で講演活動を行っており、ＳＰＹＥＸやワシントンＤＣのスパイ博物館でもスピーチを披露している。

２００３年以降、レナは国防総省や政府機関、法執行機関、特殊部隊、民間企業において、面接や尋問、発言分析、ボディランゲージ、嘘の検知、「誘いだし」のテクニック、変革期のリーダーシップなどに関する研修に携わりつづけている。

ロードアイランド大学で人類学の学士号を取得したあと、ブラウン大学で考古学の修士号を取得。また、レナは組織改革マネジメントの有資格者でもあり、コーネル大学からリーダーシップ心理学コースの修了証書を授与されている。

２０１３年、自身の会社である「コングルーエンシー・グループ」を設立した。www.thecongruencygroup.com

ブックデザイン　フロッグキングスタジオ
本文DTP　横川浩之
翻訳協力　株式会社トランネット
(www.trannet.co.jp)

元《もと》米《べい》軍《ぐん》尋《じん》問《もん》官《かん》が教《おし》える
本《ほん》音《ね》を語《かた》らせる技《ぎ》術《じゅつ》

2023年9月25日　初版発行

著　者　レナ・シスコ
訳　者　熊谷小百合
発行所　株式会社 二見書房
東京都千代田区神田三崎町 2-18-11
電話　03（3515）2311［営業］
03（3515）2313［編集］
振替　00170-4-2639
印　刷　株式会社 堀内印刷所
製　本　株式会社 村上製本所

落丁・乱丁本はお取り替えいたします。
定価は、カバーに表示してあります。

ISBN978-4-576-23105-1
https://www.futami.co.jp/